≡ 昌明文庫・悅讀國學 ≡

論語智慧與博弈研究

——上冊

—倪世和 著—

目 錄
CONTENTS

第三篇・論文篇

第四篇・國學智慧與民營企業危機管理—學習交流提綱

第五篇・家族企業發展戰略與管理——學習交流提綱

（三十）謝辭

第一篇

《論語》智慧與企業博弈研究

序言

　　早在 1945 年，英國科學家李約瑟先生著《中國的科學》一書出版。書中認為，從《論語》裏可以認識到「儒家的學說史最富於社會意識和人道主義精神的；這是世界上任何地域的哲學思想所不能比擬的」。[1]

　　時隔 43 年後的 1988 年，由聯邦德國阿登納基金會和中國孔子基金會聯合發起「孔子思想國際研討會」在波恩舉行。就在當年，世界 78 位諾貝爾獎獲得者在法國巴黎發表了共同宣言稱：「如果人類在 21 世紀要想生存下去，就必須汲取 2500 多年前孔子的智慧。」

　　時間已過去 20 多年，世界上研究孔子學習漢文化的熱潮方興未艾。世界上第一所孔子學院於 2004 年 11 月在韓國誕生，2007 年孔子學院總部在北京成立。到 2012 年 12 月底，世界五大洲 104 個國家相繼成立了 400 多所孔子學院，500 多所中小學成立了孔子學堂。僅美國就有孔子學院 81 所，漢語教師和志願者 3099 人。還有 62 個國家的 106 所大學排隊申請開辦孔子學院。「孔子學院成為中國最好最妙的出口產品。」[2]

　　世界各國政府要員和中小學生學習漢語，研究孔子儒學的熱情不斷高漲。聯合國秘書長潘基文先生的公事包裏經常放著《論語》小卡片，且不時習讀。他把孔孟思想作為他的人生和工作指南。

1　張岱年主編：《孔子百科辭典》（上海市：上海辭書出版社，2010 年 8 月），頁 846。

2　人民日報 2012 年 8 月 10 日、12 月 30 日第一版。

世界各國人民熱愛和平，尤其是中國人民傳承優秀的儒家文化思想，和世界各國人民和諧相處，積極共謀均衡發展，共建美好家園。

然而，當今世界充滿著硝煙。政治的、軍事的、經濟的、文化的衝突幾乎隨處可見。非洲大陸天天有殺戮，無辜生命被炮火吞噬，家園被毀，難民流離失所，面黃消瘦的兒童偎依在惶恐不安的母親的懷抱裏；就連無辜的大海洋也變成為軍事博弈的戰場。世界悲哉！

以美國為首的世界新帝國主義，打著所謂「維護人權」的幌子，長期插手世界各地，瘋狂地掠奪他國資源，採取極為卑劣的手段顛覆他國政權，破壞世界人類秩序均衡。

人類要想生存下去，就要奮爭博弈。博弈制勝贏，既要靠資本實力，更要靠博弈者的智慧，勇拼勝，智拼贏。遵照世界 78 位諾貝爾獎得主們的宣言精神，本文試從孔子《論語》等儒家經典裏，體悟 2500 多年前孔子儒家博弈之智慧，期望國家政府各級官員及商界精英們能從中汲取一些有益的教誨，為強我中華，振興華夏，作出更大的貢獻。

（一）孔子是世界上最早提出博弈理論的偉大學者

孔子曰：「飽食終日，無所用心，難矣哉！不有博弈者乎？為之，猶賢乎已。」[3]博弈：此指下棋。賢：勝過。

3　程昌明譯注：《論語·陽貨》（太原市：山西人民出版社，2001 年 6 月），頁 197。

孔子針對當時社會上一些士大夫們飽食終日，不關心國家大事，什麼事情也不去做，批評這種人是很難有所作為的，不如去下下棋，博弈幾招，總比沒事做還要好些吧！

　　由此我們完全可以斷言：孔子是世界上最早提出博弈理論的偉大學者。早在 2500 多年前，「博弈」一詞就由孔子弟子們在《論語》裏最先使用了，這是唯真非假的事實。現代歐洲人馮‧諾伊曼（von`Neumann）先生和摩根斯坦恩先生（Morgeness）在 1944 年合作的《博弈論和經濟行為》一書中使用「博弈」一詞，比中國孔夫子要晚 2500 多年。

　　當然，2500 多年前孔夫子講的博弈一詞與當代西方學者定義的博弈一詞含義不盡相同。前者是指下棋博弈，後者是指社會經濟理論信息市場博弈。但是孔子的博弈思想和博弈之智慧，仍然是值得當今商家智者學習傳承的精神文化財富。

　　一部人類社會發展史，就是人類博弈的歷史。偉大的孔子奮鬥一生，就是一生的博弈。孔子博弈之智慧，令後人十分感佩焉！

　　博弈：有學者解釋其含義為：在多決策主體之間的行為具有相互作用時，各主體根據自己所掌握的信息及對自身能力的認識，作出有利於自己利益的決策行為。

　　我將在後文作些介紹。

　　上述下棋雙方博弈案例，就是棋手根據各自的能力智慧，適時對對方每走一步棋子的目的作出分析和判斷，儘量避免自己的棋子被對

方吃掉，並且要設法把握對方技術信息，抓住有利時機，消滅對方有生力量，吃掉對方棋子，拿下或圍困住老將，取得博弈之勝利！

偉大的孔子把下棋稱之為博弈。博弈就是競爭，競爭亦即博弈。博弈即是實力的較量，更是智力的比拼。勝者往往智勝一籌，才能棋高一著。早在 2500 多年前，偉大的孔子曾經指出：「君子無所爭，必也射乎！揖讓而升，下而飲。其爭也君子。」[4]

這段文字不難理解。核心內容是孔子論述君子既「無所爭」，也要「有所爭」。不爭是君子，爭也是君子。這是聖賢對競爭博弈的精闢論述。一「無」一「有」，「無」即「有」，「無」生「有」。「沒有」即「大有」，事物都是從「無」到「有」的，這充分體現了孔子的辯證思想。

所以，中國國家領袖精英及仁人志士們對複雜多變的世界局勢，如何做到既要韜光養晦，又要敢於痛擊一切來犯之敵。在涉及國家領土主權問題上寸步不讓！

在國際貿易的博弈過程中，做到不爭也爭。世界歷屆奧運會上各國運動員都在積極奪金牌，這既是競賽也是競爭。每位參加比賽的運動員自己的目標都是清晰的，各國運動員之間對競爭對手的身體素質、技術狀況諸多信息都是瞭若指掌的，這種博弈信息可稱之為完全靜態信息博弈。

4　程昌明譯注：《論語‧八佾》（太原市：山西人民出版社，2001 年 6 月），頁22。

國內外體育競賽是博弈，而且是非常激烈的博弈。商場如戰場，商業競爭無處不在，博弈無時不有，而且比體育競賽博弈的範圍更加普遍，博弈利益群體更加廣泛。所以，做企業的老闆們要精心領悟和研究孔子關於不爭也爭的博弈理論，制定企業競爭博弈的戰略和策略，努力做到既知己也知彼，努力掌握競爭各方的信息，爭取實現「不戰而屈人之兵」，這是博弈贏的上策。

當代企業如何博弈，怎樣競爭？我們從孔子儒家文化思想裏能否汲取博弈競爭的有益的教誨？後文將作進一步地論述。

三 研究背景

《論語》是中國儒學第一書，孔子是儒家學派創始人。孔子哲學思想非常豐富，博大精深，是世界哲學史重要的組成部分。

學習研究孔子思想，需從研究《論語》入門。《論語》字字精金美玉，對當今社會、政治、軍事、經濟、文化建設，都具有十分重要的指導意義。

作者在北京大學哲學系教授魏常海先生的指導下，近幾年來在不斷學習研究《論語》的基礎上，探討用《論語》智慧指導企業博弈，目的是實現贏利，惠及企業員工。

本書通過對孔子一生奮鬥博弈的綜述，感悟偉大孔子博弈之智慧。書中還依據孔子「正名」之理論、仁愛之思想、競爭之論述，研究了企業委託人與代理人合作關係、企業與員工之合作關係以及領導

力與核心競爭力等內容。這些研究都是作者在不斷學習他人研究成果的基礎上，所做的點滴探索。

本書分兩個部分。第一部分是論述孔子《論語》的博弈智慧，力求結合當今企業博弈之實際，論述委託人與代理人博弈理論；第二部分是回憶錄。主要是記錄我幾十年的人生博弈，其中大部分是我創辦企業的經歷，治理企業的做法。我從上世紀 70 年代開始，就創辦過小企業，直到 21 世紀的今天，仍然在我親自創辦的家族企業裏擔任名譽董事長，時刻關注企業的發展戰略和經營。

（一）研究目的

孔子思想早已為世界有識之士所推崇。尤其是東亞日本國早在明治維新年代，就湧現出諸多儒學及《論語》愛好者和研究者。如伊藤仁齋、澀澤榮一等先生對孔子儒家思想尤其是對《論語》的研究非常之精細。澀澤榮一先生於 1916 年寫了《論語與算盤》一書，積極宣導人們一手拿《論語》，一手拿算盤，他從孔子《論語》裏悟出諸多經商致富之道理，且身體力行創辦實業，並取得巨大的成功。所以澀澤榮一先生被日本國民譽為「近代實業之父！」

孔子儒家思想是中國人民的寶貴財富，也是全世界人民的精神財富。其雖經中國古代秦火、近現代「打倒孔家店」，「文革」期間「批林批孔批周公」的不公正批判，雖歷經興衰挫折，但延續至今，可見偉大的孔子儒家思想具有強大的生命力，充分體現以孔子為代表的儒家思想是「天行健。君子以自強不息。」焉！

當下，中國共產黨帶領全國各族人民，在著力抓好國家經濟發展的同時，大力加強國人的精神文化建設，培養國人的國格和人格，塑造國人的靈魂，增強國際國內競爭博弈制勝力，使我中華民族真正實現偉大的復興夢想，真正自立於世界民族之林！

用孔子《論語》儒家之優秀文化思想教育國人，應是當今文化建設的重要內容之一。孔子被世人稱之為世界四大聖賢之一，他老人家的思想智慧為我們在激烈複雜的博弈競爭中，體悟出諸多哲理，指明博弈之技巧。

本人雖年逾古稀，但近年來一直堅持學習孔子《論語》等優秀傳統文化，真切感悟到以孔子為代表的儒家思想是當代國人正心、修身、做人，齊家、治國平天下的思想和行動指南。我雖老矣，但也真誠期望我們國家強大，真正自立於世界民族之林，人民幸福安康，實現孔子「老者安之，朋友信之，少者懷之」的美好夢想。

(二) 研究方法

無論是社會科學還是自然科學的研究，都必須建立在前人研究成果的基礎上。對前人的研究成果，不斷探索，不斷累積，在此基礎上力求發現新的知識，通過研究做出新的結論。

世界上研究學問的專家學者們多年從事關於研究方法的探討。有人統計就中文書多大 400 多種。這些研究方法的書籍，為在校研究生（碩士、博士）和社會研究人員提供了有益的指導和幫助。

近年來，我在北京大學哲學系魏常海教授的指導下，潛心研究孔子《論語》的思想。自 2010 年起，先後出版發行了《論語與商道》、《論語與制勝力》、《論語與後 N 代》等三本小書。今年又嘗試寫《論語智慧與博弈研究》小冊子，可能作為有生之年的封塵之作了。

近幾年，在做學問方面我做了一些探討，很不深入。只是在社會科學的研究方法上，有以下幾點粗淺的體會。

首先，讀書是研究學問的根本。胡錦濤先生積極宣導青年人要讀書，他說：「讀書是一種責任，藏書是一種修養。……」有人說：知識可以改變命運。此言雖不精準，但頗有哲理。人的命運雖不能完全靠知識改變，但無知識和有知識者的命運是有差別的，他們的生活品質是不盡相同的，在社會博弈中的智慧是有區別的，尤其是對人類社會的貢獻也是大不相同的。

孔子曰：「學而時習之，不亦說乎！……」。「三人行必有我師。」「學而不思則罔，思而不學則殆。」孔子的這些教誨都是至理名言。

其次，堅持理論聯繫實際，古為今用，西為中用的治學方法。如何運用孔子智慧指導當今世界各種博弈？如何與西方近現代博弈理論融會貫通？這是需要積極探索的理論研究課題。

再其次，當今博弈論專著為數不多，唯有北京大學張維迎教授著的《博弈論與信息經濟學》、《博弈與社會》兩本中國博弈經濟學理

論專著，比較系統的論述了經濟領域博弈之知識。該書主要介紹近現代西方幾位博弈論研究者的理論。研究內容既具體又廣泛，對近代博弈理論做出詳實的論述，其內容對現代世界實際發生的諸多政治、經濟、軍事博弈也作了分析研究，對指導我國博弈論研究這起到非常好的指導作用。

我對博弈經濟學理論一竅不通。之所以作一點研究，實乃膽大妄為。我只是對研究孔子智慧與博弈，作一些探索，也力圖緊密結合我國當今社會經濟尤其是市場競爭博弈的實際情況，用孔子一生的博弈智慧和西方學者的博弈理論作一些分析。

我在寫這本小書過程中，嘗試運用分析法和歸納法，對孔子的博弈智慧進行分析和歸納。通過歸納孔子人生博弈，領悟先聖之智慧，啟發後人努力做到「智者不惑，仁者不憂，勇者不懼。」

本書第二部分，是我的數十年人生之博弈。其中有我從教的辛酸，也有我創辦企業的苦辣甘甜。還有我辦企業管理經驗之累積。內中有問卷調查，有統計圖表。

三 博弈研究

（一）孔子人生博弈

1 聖人誕生

據《史記・孔子世家》記載，孔子祖籍春秋宋國。其祖輩係周朝後裔，幾代人均為官，屬士大夫階層。其父叔梁紇曾任衛國縣長，亦

屬於士大夫階層。叔梁紇已取妻妾 2 人，生下 9 女一男，不幸男腿殘疾，跛足行走不便，可能基於無法接孔氏香火，叔梁紇在 64 歲時取了年僅 17 歲的顏徵在為三房妾，後在曲阜郊外一小山丘生下孔子。「孔子生魯昌平鄉陬邑」（今山東省曲阜縣東南山腳）。相傳孔子母顏氏因祈禱尼丘山而生孔子，故孔子又名孔丘，因兄弟排行第二，字仲尼，後人貶稱孔子為孔老二。可能因為叔梁紇與顏氏婚姻年齡懸殊，與「禮」不合，後人司馬遷稱其婚姻為「野合」。

叔梁紇之取比自己年齡小 40 多歲的顏氏為妾，實際上是一次與古代傳統婚姻習俗的博弈。古人有先例，今人亦有此舉也。物理學家楊振寧先生 82 歲高齡取了 28 歲的未婚女子翁帆為妻，就是一件為國人傳為美談的佳話。

偉大的孔子誕生於公元前 551 年即魯襄公 22 年，夏曆為 8 月 27 日，仙逝於公元前 479 年夏曆 4 月 11 日。另據南京紫金山天文臺推算，孔子誕生日為公元前 551 年 9 月 28 日，享年 73 歲。比釋迦摩尼小 8 歲，比蘇格拉底大 82 歲。孔子從降生到人世間不久，就開始了人生博弈。

據《史記‧孔子世家》記載：孔子「生而首上圩頂」，長大成年後「長九尺有六，人皆謂之『長人』而異之」。約合今天 191 公分，實屬一「長人」也。後有人形容孔子「其顙似堯，其項類皋陶，其肩類子產，然自腰一下及禹三寸。」孔子聽了不以為然，他老人家大概是「頭生凹頂，坐如蹲龍，立如牽牛，就之如昂，望之如斗。」身體健壯魁梧，這應是他後來周遊列國長達 13 年之久的基本條件。（參

見張岱年主編《孔子百科辭典》頁 17 上海辭書出版社，2010 年 8
月。）

2 與命運博弈

孔子出生不久，大約在三歲時，父親離世而去，撇下年輕的母親
顏氏帶著年幼的孔子過著艱難的生活。可能因為遭到家族的歧視和排
擠，不久顏氏便帶著幼小的孔子回到娘家。母子相依為命，家境雖貧
窮，孔母教育其習禮儀，學技能。年少的孔子為了幫助母親維持生
計，主動學習一些農事，從此逐漸養成勤勞簡樸的優秀品質。

《論語》記載：太宰問於子貢曰：「夫子聖者與？何其多能
也？」子貢曰：「固天縱之將聖。又多能也。」子聞之，曰：「太宰
知我乎？吾少也賤，故多能鄙事。君子多乎哉？不多也。」[5]

太宰是個官名，他對孔子不太瞭解，按照博弈論學者所言，可謂
不完全信息靜態博弈。有一天問孔子的門人（學生）子貢：孔子老先
生是聖人嗎？他老人家為何如此多才多藝啊？子貢回答說：這大概是
上天降給他老人的智慧，使他成為聖人的吧，故而多才多藝也。子貢
的回答很是風趣，他沒有從孔子好學方面講老師的聖賢之處，而是故
意用「天賜」之智慧給孔子，更能說明孔子之偉大。

後來，子貢把太宰問的問題說給孔子聽了，孔子聽了之後說：太
宰瞭解我嗎？就是說太宰不瞭解孔子的經歷信息，小時候家裏生活貧
苦，幾乎無依無靠，所以學了一些鄙賤的技藝。這裏大概是指農事技

5　程昌明譯注：《論語·子罕》（太原市：山西古籍出版社，2001 年 6 月），頁
　　89。

藝，種地除草放牧，養家糊口。孔子認為：真正的君子家境大多富有，他們是不願參加勞動學習這些技藝的，不會有的，不可能有的。正可謂常人所言：「國清才子貴，家貧小兒謙」焉！

孔子年少之時為生存博弈，「故多能鄙事」，參加體力勞動，從中學得了許多技藝，逐漸懂得了諸多人生哲理，為日後的人生博弈，亦為中國儒家學說的創立，奠定了堅實的基礎。

孔子 17 歲母離世，19 歲取妻亓官氏，20 歲生子，魯昭公賜鯉魚給孔子賀喜，所以，孔子把兒子取名叫孔鯉，又名伯漁。這一年孔子在季氏家裏擔任「委吏」，管理倉庫糧草，記帳非常認真。孔子 21 歲擔任「乘田吏」，管理牛羊牧場。這些事情似乎都是「鄙事」，一般君子是不會去做的。

孔子自 20 歲開始，就想求仕途做官，但魯國當權者不用他。直到魯昭公 25 年，魯國發生內亂，孔子年 35 歲，魯昭公率師擊季平子，季氏與孟孫氏、叔孫氏聯合攻擊魯昭公，魯昭公戰敗，出奔齊國，孔子隨昭公出逃齊國。齊國君景公看到孔子有治國之才能，欲重用孔子，但被齊國大夫宴嬰阻止。孔子在齊國閒居到昭公 27 年，齊國的大夫嫉妒孔子之才能，欲加害孔子。孔子得知這一突如其來的信息，急忙向齊景公求救，景公卻無能為力幫助孔子，孔子只好倉皇逃回魯國。這也是一次與齊國小人之博弈焉。

魯定公 9 年，孔子有了做官的機會，被魯定公任命為中都宰，即今山東省汶上縣西。此時孔子已 51 歲了，到了知天命之年。由於孔子執政之才能，經過一年的治理，中都大為改觀。於是定公又提拔孔

子任小司空，不久又被升任為大司寇，攝相事，魯國得到大治。

3 夾谷博弈齊侯

魯定公 10 年夏，齊侯與魯侯會於夾谷。夾谷，山名，又名祝其，在今山東省萊蕪市南，時屬齊國之南境。在公元前 500 年即魯定公 10 年，齊侯景公仗己之勢力比魯國強大，約魯定公相會於夾谷，以此壓服魯國臣服齊國，並預謀以萊蕪兵劫持魯定公。孔子時為魯司寇，隨魯定公去夾谷相禮，做司儀主持兩君相會。他以敏銳的洞察力預感到齊侯居心叵測，他說：「有文事必有武備，有武事者必有文備。」事先作了充分地準備，兩君相會時，齊國預先安排以演奏四方音樂為名，刀矛劍戟一擁而上，對準魯侯定公。說時遲，那時快，孔子即命魯國軍士阻止齊兵，並厲聲對齊景公說道：「吾兩君為好會，而夷狄之俘以兵亂之，非齊君所以命諸侯也？裔不謀夏，夷不亂華；兵不偪好。於神為不祥，於德為愆義，於人為失禮，君必不然」。孔子一番犀利之言辭，說得齊景公啞口無言，此時齊侯看到魯國早有準備，只好命令齊萊蕪兵退去。

會談即將締約時，齊國節外生枝，單方面加上辱魯之條款：齊師出征之時，如魯國不以 300 甲車隨從，即為毀約。這時孔子也派魯國大夫茲無還回敬說：如齊國不歸還汶陽之田，也將同樣視為毀約。齊國又失一招。會後齊國歸所侵魯國之鄆、汶陽、龜陽之田以謝過。[6]

夾谷之會，齊國既失禮又失去掠奪之土地，而魯國在孔子的精心策劃下，與齊景公博弈大獲全勝焉。按照博弈論學者之分類，夾谷會

6　張岱年主編：《孔子百科辭典》，頁 23。

盟是一次不完全靜態信息博弈。由於孔子事先未雨綢繆，做了充分的準備，文武兼備，所以在此次博弈過程中，一直處於主動地位，憑超強的智力，戰勝了齊侯，使魯國獲得了勝利。

齊國不甘失敗，變換伎倆送金銀珠寶和美女給魯國定公和季氏，以此拉攏腐蝕魯國君臣。後文將述之。

4 孔子與「三桓」博弈——墮三都

魯國的三桓即季孫氏、孟孫氏、叔孫氏。他們都是周王朝魯桓公三個兒子的的後代，故稱「三桓」。他們不把周天子放在眼裏，居然「八佾舞於庭」。

孔子謂季氏：「八佾舞於庭，是可忍也，孰不可忍也？」[7]

三家者以《雍》徹。子曰：「『相維辟公，天子穆穆』，奚取於三家之堂。？」

三桓權臣竟敢用周天子才可用的 8 排 64 人組成的樂隊，徹夜演奏只有周天子祭祀活動後才可以演奏的《雍》，享受只有周天子才可以想用的禮儀，真是和尚打傘，無法無天也，這分明是對周天子的蔑視。魯定公 12 年，孔子發動了一場「墮三都」的博弈。

「三都」即三桓所建的城堡。城堡裏有衛隊、家臣、傭人和府庫，相當於一個獨立之王國。當時所謂「陪臣執國政」，實際控制魯國的大權。孔子為了魯國之安定，向魯定公提出：「今三家過制，請皆損之。」並指派孔子弟子子路去實施。在魯定公的支持下，決心劃

7　程昌明譯注：《論語·八佾》，頁 20。

除「三都」之患。開始逐一拆除三家圍牆，先後拆除了季孫氏、叔孫氏之城堡。可是當拆到孟孫氏家圍牆時，孟氏提出他們離齊國近，為孟氏之安全保障，不同意拆除，孔子只好停止拆除行動，致使「墮三都」博弈半途而廢，以失敗而告終。

孔子「墮三都」博弈失敗，加劇了孔子與三桓的矛盾。魯定公13年，齊國為了瓦解魯國君之意志，選派 80 名美女和馬匹及珠寶送給魯國君和季氏，魯定公欣然接受，終日與季氏沉迷於酒色之中，不上朝處理國家之政事，這時孔子對魯國定公非常失望。不久，魯國在郊外舉行祭祀活動，祭祀後按照以往慣例把祭肉分送給參加祭祀的大夫們，卻沒有分給孔子，引起孔子內心更加難受，說明魯君和季氏不再信任他了。在這種情況下，孔子只好離開魯國，到其它國家尋找求仕做官，恢復周禮的機會。

孔子「墮三都」博弈，應是一次完全靜態信息博弈。因孔子深之「三桓」勢力之危險，為保住魯國之穩定，必除季氏、叔孫氏、孟孫氏之勢力。但由於孟孫氏之強力阻撓，加之魯定公的軟弱，致使這一博弈失敗。

5 與匡人博弈

魯定公 14 年，孔子已 56 歲了。由於魯國君與季桓子接受了齊國金錢美女和肥馬，終日不理朝政，令孔子大為失望；又加上郊祭祀後分乾肉無沒有給孔子，說明魯君和季桓子心裏沒有孔子了。子路曰：「夫子可以行矣。」孔子於是決定離開父母之邦——魯國。當天沒有走遠，住在魯國邊境一個叫屯的地方，孔子心裏寄希望魯定公和季桓

子會派人來請他回去，挽留他。「孔子去之魯，曰：『遲遲吾行也，去父母國之道也。……」說明孔子對父母之邦的眷念。師徒等了一夜，魯君和季氏根本無意挽留孔子，孔子這時才決定去魯即離開魯國。

據史料記載：當年孔子「去齊，接近而行，去他國之道也。」就是說孔子準備去齊之前，淘米做飯，忽然聽到齊君不再起用他了，立刻放下正在淘的米，不煮飯了，立即動身離去。此事說明與孔子去魯的心情是大不相同的。

魯定公 14 年，孔子已 56 歲了，率眾弟子將適陳，經過匡地。匡城在今河南省長垣縣西南 15 裏，原屬衛，後為鄭人佔有。早在魯定公 6 年（前 504 年），魯國季氏家臣陽虎率軍侵鄭取匡，陽虎對匡人掠奪，招致匡人嫉恨。孔子率眾弟子路過匡時，由弟子顏刻駕車。顏用馬鞭指之說：當年陽虎就是從這裏進入匡城的。匡人以為又是陽虎來了，視孔子壯似陽虎，隨「拘焉五日。」孔子弟子一度被匡人沖散了，顏淵後來找到孔子。孔子開玩笑地對顏淵說：「吾以汝為死矣。」顏淵曰：「子在，回何敢死。」[8]

孔子和弟子們被匡人拘禁期間，為了安慰弟子們，曰：「文王既沒，文不在茲乎？天降喪斯文也，後死者不得與於斯文也；天之未喪斯文也，匡人其如予何？」[9]畏：拘囚。

孔子之意是說：周文王死了以後，古代文化遺產不都由我保存下

8　《論語·先進》，頁 119。
9　《論語·子罕》，頁 88。

來了嗎？上天如果想消除這些優秀文化，使古代文化喪失，那我也沒有辦法掌握這些文化了；假如上天不是想消除古代文化，上天保祐古代文化，那麼匡人又能把我怎麼樣呢？也就是說，孔子繼承古代文化是由上天保祐的，不會喪失的。歷經 2000 多年的風風雨雨，偉大的孔子儒家思想巍然屹立在世界的東方，而且普及到世界五大洲 100 多個國家和地區！

當時子路發怒，欲與匡人戰，孔子止之曰：「何仁義之不免俗也。夫詩書之不習，禮樂之不修，是丘之過也。若似陽虎，非丘之罪也。命也夫！由歌，予和汝。」「曲三終，匡人解甲而罷。」[10]

匡人圍孔子和弟子多日，子路發怒，欲和匡人戰鬥，孔子制止子路的莽撞行為，我們講仁義，要避免俗人之行為。你不讀詩書，不修禮樂，是我孔丘之過錯，假如我似陽虎，不是丘的罪過，聽命吧。此時孔子叫仲由（子路）唱歌彈琴，孔子和之跟著唱。唱了三曲，匡人聽後進見孔子，發現不是陽虎，於是撤去圍困之士，孔子終於化險為夷焉！這個故事說明孔子之博弈智慧，告誡後人遇事須先保持剋制，頭腦須冷靜，切勿莽撞行事，情緒勿衝動，這樣做才能克敵制勝焉。

歷史上三國時期的諸葛亮演的「空城計」，是一個家喻戶曉耳熟能詳的故事，足智多謀的孔明先生用一座空城中的老弱病殘之人，令多疑的司馬懿害怕，終於率兵士退去。這也是一次靜態不完全信息博弈，司馬懿並不知道諸葛亮的城裏虛實，信息不精準，不完全，故不

10　張岱年主編：《孔子百科辭典》（上海市：上海辭書出版社，2010 年 8 月），頁25。

敢冒然衝進城，坐失良機，這與當年孔子畏於匡，後用彈琴解圍的做法何其相似也。

進：被圍　　　　　誤孔子是陽虎，為孔子師徒。

子路怒欲戰鬥。

孔子理性。　　　　匡人非理性。

叫子路彈琴唱歌。

孔子和之。　　　　匡人聽歌曲後知不是楊虎，撤去圍困之士。

師徒博弈勝出。　　匡人終於走出「囚徒困境」。

6　與蒲人博弈

蒲邑，今河南省長垣縣西南，與匡邑相距 15 裏。魯定公 14 年（前 406 年）孔子師徒剛從匡人圍困中用彈琴之方法得以化險為夷，經過蒲邑又被蒲人攔截。這時正是衛貴族公叔戌被衛逐逃到蒲邑，發動叛亂。這個被逐的衛貴族不准孔子一行去衛。於是有位「以私車五乘從孔子」的弟子公良儒，「其為人長賢有勇力」，對孔子說：「吾昔從夫子遇難於匡，今又遇難於此，命也已。吾與夫子再罹難，寧鬥而死。」經過激烈戰鬥，蒲人懼，但要孔子答應不去衛即放行，而且要孔子簽字。孔子當時答應了蒲人的要求。孔子離開蒲邑之後，即奔衛。這時子貢曰：「盟可負邪？」盟約可不遵守嗎？孔子認為：被脅迫所簽訂的盟約神是不會聽的。

孔子對蒲人採取戰鬥之方法，使蒲人害怕；為了盡快離開蒲，又做了不去衛的承諾，對蒲人口頭適當讓步。這就是孔子博弈之謀略焉。博弈過程有進有退，該前進時一定要把握時機前進，但不能盲目

前進，要根據自己的實力作出決定。孔子弟子公良儒等鬥蒲人，因其「長賢有勇力」，且忠於孔子，為孔子寧鬥而死，這應是武士之精神。這是孔子與蒲人博弈之前提；但孔子識時務，該做出讓步時須讓步。這就是孔子博弈之智慧焉。

孔子與蒲人博弈
孔子←　　→蒲人
前進　　　阻止攔截
戰鬥◀　　蒲人懼
　　　　　逼孔子簽訂條約答應不去魏
孔子口頭答應
不去魏　　蒲人放行
去魏

博弈勝利，去魏。孔子時已 67 歲，夫人齊官氏卒，老年喪妻，悲哉！

7 與桓魋博弈

子曰：「天生德於予，桓魋其如予何？」[11]桓魋：宋國的司馬向魋，是宋桓公的後代，故稱桓魋。

孔子之意是說：上天把這些好的品質賦予了我，你桓魋又能把我怎麼樣呢？

魯哀公三年，前 493 年。孔子 59 歲。率弟子經衛適曹，次年到宋國。宋國司馬桓魋欲加害孔子。起因大概是孔子看到桓魋長期濫用

11 《論語·述而》，頁 73。

民力，加工石棺石槨，三年不成。於是孔子指責桓魋勞民傷財，不如速死去為好。孔子之言不巧被桓魋手下聽到了，告之於桓魋，於是桓魋趁孔子和眾弟子在一顆大樹下練習禮儀，派人砍樹欲傷害孔子一行。

就在此時，一位弟子可能是子貢叫孔子速換上微服（便服），從小路逃走，免於一場災難。

孔子與桓魋博弈，首先是孔子獲得直接信息：桓魋徵用百姓長達三年之久，強迫民工為其做石棺石槨，勞民傷財，孔子對此十分反感，批評桓魋之錯誤做法和不道德行為。而桓魋仗勢欺人，欲加害孔子一行。幸而孔子及弟子機智，應變處置突發事件，致使孔子再次化險為夷焉。

8 厄於陳蔡

《論語·衛靈公》記載曰：在陳絕糧，從者病，莫能興。子路慍見曰：「君子亦有窮乎？」子曰：「君子固窮，小人斯窮濫矣。」[12] 固：安守。斯：就。濫：胡作非為。

上段歷史應是在魯哀公 4 年至 6 年（前 491-前 489 年）之間發生過的事情。孔子師徒過鄭到陳。陳侯周即陳愍公越問石砮，「有隼集於陳廷而死，楛矢貫之，石砮，矢長尺有咫。陳愍公使使問仲尼。仲尼曰：隼來遠矣，此肅慎之矢也。

孔子到了陳國，陳愍公向孔子問有一種隼鳥和一種矢（弓箭），

12　《論語·衛靈公》，頁 167。

又叫鶻，性兇猛，捕食鼠、兔和鳥類。愍公問此隼鳥集體死於陳廷（院子），在楛（春秋時期楚國的都城，在今湖北省宜城東南）這個地方，用石砮做矢（弓箭），矢很短（咫尺）。孔子回答說：隼鳥從很遠的地方而來，這種石砮是謹慎氏之矢（弓箭）其來歷可追朔到周武王克商，通道於九夷、百蠻，各方前來貢物有個叫肅慎氏的小國君獻楛矢、石砮，其長尺有咫其後矢歸周武王長女大姬所有，大姬配虞胡公，虞胡公封於陳。孔子把這段歷史向陳愍公作了介紹，從這裏可知孔子博學多才焉。

孔子從 60 歲到 62 歲之間，多次來往於陳蔡。其間有葉公問政於孔子，孔子答：「近者說，遠者來。」[13]又有「其父攘羊而子證之」，孔子認為「父子互隱，直在其中矣。」從葉返蔡途遇隱士長沮、桀溺等人。

魯哀公 6 年，即前 489 年，孔子 63 歲，南適楚，即孔子接受楚昭王之聘，去楚國，被陳國、蔡國君知道了，他們害怕一旦楚國聘用了孔子，孔子弟子中有治國治軍之人才，楚國強大了，會直接威脅他們，於是派服勞役之徒包圍孔子一行於陳蔡之間，絕糧，7 日不伙食，藜羹不米？弟子皆有饑色。這是孔子何以被困之原因。另據《世紀·孔子世家》史料記載，這是一種說法。另說當時吳伐陳，陳亂，即吳國出兵打陳國，陳國混亂，沒有糧食可食也。

在十分危急的情況下，子貢設法聯繫上楚國，楚國昭王派兵把孔子一行接到了楚國，師徒免於餓死。楚昭王本打算重用孔子，分封田

13　《論語·子路》。

地給孔子，楚令尹子西知道後，在楚昭王面前說孔子的壞話，致使孔子仍未被楚昭王啟用，此時孔子非常失望，64 歲又回到衛國。

衛靈公對孔子時好時不好，此時孔子弟子們產生了「歸與，歸與」的思鄉之情。孔子弟子冉求已在魯國季氏家任職。在冉求的努力下，把孔子迎接回魯國。時孔子已年 68 歲了。於是孔子和眾弟子返回魯國。回到魯國孔子仍不被魯君和季氏任用。孔子用長達 13 年的時間，奔波於諸侯國之間，希望能出仕做官，施展治國之才能。可是沒有哪一個諸侯國君任用孔子，致使孔子治國之才能無法實現焉，此乃國之恥也，非孔子之過也。

9 與陽虎博弈

陽虎，又叫陽貨，字貨，春秋時魯國貴族季孫氏家臣。此人居心叵測，夾持季氏桓子，佔據陽關（今山東省泰安市東南），很有權勢。曾經與季桓子另一家臣仲梁懷有矛盾，把季桓子囚禁起來，迫使季桓子與其結盟，趕走仲梁懷。繼又與魯定公及三桓（季孫氏、叔孫氏、孟孫氏）結盟於周社，隨掌管了魯國大權。

魯定公 8 年（前 502 年），陽虎糾合三桓部分家臣蓄謀除去三桓勢力，企圖謀殺季桓子未遂，跑到灌（今山東寧陽北）陽關發動叛亂。次年，三桓討伐陽虎，陽虎敗奔齊國，不久又經宋奔晉，被趙簡子聘為謀臣。當孔子知道趙簡子用陽虎為謀臣時，斷定「趙氏其世有亂乎。」據史料記載：陽虎後來死於齊國。

孔子與陽虎博弈應從季氏饗士開始。魯昭公 7 年（前 535 年），魯執政大夫季武子（季孫宿）舉行招待士的宴會。17 歲的孔子因是

士大夫的後代，雖剛喪母，也去參加宴會。被季氏家臣陽虎發現趕出，陽虎「絀曰：季氏饗食，非敢饗子也。」孔子由是退。由於孔子受到陽虎之非禮，發奮求學，積極準備長大做官。

後來，陽虎想拉攏孔子。魯定公 6 年（前 504 年），孔子已 48 歲。陽虎把持季氏政權，想讓孔子為其賣力。請看下段記載。

陽貨（虎）欲見孔子，孔子不見，歸孔子豚。

孔子時其亡也，而往拜之。

遇諸途。謂孔子曰：「來！於與爾言。」曰：「懷其寶而迷其邦，可謂仁乎？」曰：「不可。」「好從事而亟（屢次）失時，可謂知乎？」曰：「不可。」「日月逝矣，歲不我與。」

孔子曰：「諾，吾將仕矣。」[14]歸：同饋，贈送。豚：小豬。古代禮節大夫饋贈禮物給士，當時陽貨送一隻蒸熟的小豬給孔子，目的是拉攏孔子為他所用。孔子不相見陽虎，但又需回訪，來而不往非禮也。孔子乘陽虎不在家，」時其亡也「，時：同伺，窺伺。不巧在路上兩人相遇，因而發生了上面一段對話。

陽虎以傲慢的態度教訓孔子說：你過來，我有話對你說。自己身懷本領，不為國家做事，聽任國家走向迷途，這能叫仁者嗎？不能吧。陽虎又說：一個人想做官參政，卻屢次錯過機會，這能叫聰敏嗎？不能。光陰一天天逝去了，歲月不會等人呀！

---

14 《論語陽貨》，頁 187。

孔子此時應付說：好的，我打算出來做官。

前文已言及孔子 17 歲那年，參加季孫氏饗士被陽虎絀，這是孔子第一次與陽虎博弈孔子退而告終。孔子畏於匡，也是因陽虎曾經帶兵去侵略匡人，匡人視孔子貌似陽虎而被圍困，後子路彈琴而歌，孔子和子路一起唱和之，匡人明白非陽虎來也，隨撤去圍困之士兵。第三次是孔子直面陽虎，陽虎態度傲慢，教訓孔子，孔子只好口頭答應出來做官，以應付陽虎。實際上孔子根本沒有給陽虎出謀劃策，這次博弈陽虎未能得到孔子支持，孔子也未出來做官。直到 51 歲，孔子已到知天命之年，才被魯定公封為中都宰，次年升為司空繼而又升為司寇之職。

（二）師徒博弈──孔子與眾弟子和諧均衡的人際關係

前文著重論述了孔子與魯國、齊國權臣之間的博弈史實，充分體現了偉大孔子處理重大事變之智慧和謀略。無論是夾谷會盟與齊侯博弈，還是墮三都與季孫氏、叔孫氏、孟孫氏三家權臣博弈，以及與匡人博弈、與桓魋博弈、與陽虎博弈等等，一次又一次化險為夷，取得了博弈之勝利。這與孔子眾弟子忠於孔子，團結一心，共同相佐孔子，實現治國安邦之宏偉理想是密不可分的。

但是，孔子和弟子們之間也有博弈，只不過是博弈方式不同，目的大都一致。請看下面兩個小故事。

1 孔子與仲由（子路）博弈
仲由（前 512 年-前 480 年），姓仲，名由，字子路，又季路，

春秋末魯國卞（今山東泗水縣東）人。出身貧苦，社會地位低下，常吃藜藿野菜。少孔子9歲，是孔子弟子中年齡較大者。

子路未入孔門之前，據史料記載，「子路性鄙，好勇力，志伉直，冠雄雞，佩豭（公豬）豚（小豬），陵暴孔子」。可能是其看不起讀書人，故對孔子不恭。「孔子設禮稍誘導子路，子路後儒服委質，因門人請為弟子。」最終子路成為孔門弟子中72賢人之一，緊隨老師，完全接受了孔子儒家思想，後成為忠義之士焉！

子路使子羔為費宰。子曰：「賊夫人之子。」

子路曰：「有民人焉，有社稷焉，何必讀書，然後為學？」

子曰：「是故惡夫佞者。」[15]賊：坑害。社稷：社：土神，稷：谷神。後人常用社稷代表國家。惡：討厭。佞者：利嘴善辨之人也。

子路想叫子羔去費縣作地方長官，孔子知道後說：你這樣做是害了人家的兒子。可能因為子羔沒有多少文化，所以孔子批評子路的想法不對，害了人家的孩子。

子路卻說：那個地方有老百姓，有土地神和谷神，為何一定要讀書才能做官和做學問呢？

孔子批評子路說：所以我厭惡那些巧舌如簧，利嘴善辨之人。

有一次，孔子教育子路。「子曰：由也，女聞六言六蔽矣乎？」對曰：「未也。」「居，吾語女。好仁不好學，其蔽也愚；好知不好學，其蔽也蕩；好信不好學，其蔽也賊；好直不好學，其蔽也絞；好

15　《論語・先進》，頁121。

勇不好學，其蔽也亂；好剛不好學，其蔽也狂。」[16]居：坐。賊：
害。絞：尖刻。

孔子針對子路不重視讀書學習，從仁、智、信、禮等六個方面耐
心開導他，強調學習的重要性。說明不學習，就會愚、蕩、賊、絞、
亂、狂，在社會上就無以立人。這是孔子教育子路懂得讀書學習的重
要道理。

子曰：「誨女知之乎！知之為知之，不知為不知，是知也。」[17]
由：即仲由，子路或季路。誨：教導。女：通汝，你。是：這。

這是孔子在開導子路如何學習知識。孔子強調學習知識，知道就
是知道，不知道就是不知道，不要不懂裝懂。只有這樣做，才能學到
真正的知識。

「柴也愚，參也魯，師也闢，由也喭。」[18]柴：高柴，字子羔，
孔子學生。參：曾參。魯：遲鈍。師：顓孫師。闢：偏，偏激。由：
子路。喭：剛烈魯莽。

這大概是後人分析孔子四位弟子的個性。其中可以看出子路性格
剛烈直爽，做事莽撞。

子路隨孔子周遊列國，大概在前年，到了衛國。衛靈公夫人南子
要見孔子。孔子出於禮貌，去見了南子，引起子路不高興。因為南子

---

16 《論語·陽貨》，頁191。
17 《論語·為政》，頁16。
18 《論語·先進》，頁117。

水性楊花，作風不好，子路怕孔子受染，影響名譽，故阻止孔子去見南子。請看《論語》中記載：

子見南子，子路不說。夫子矢之曰：「予所否者，天厭之，天厭之。」矢：誓，發誓。

這段文字不多，但看出當時孔子很嚴肅對待見南子之事。孔子情緒可能很激動，賭咒並發誓：連聲說：假若我和南子有染的話，就讓老天爺厭棄我吧！厭棄我吧！這是孔子和子路的一次語言博弈。下面還有孔子和子路的對弈。

有一次，孔子稱讚顏淵。子謂顏淵曰：「用之則行，舍之則藏，唯我與爾有是夫！」

子路在一旁聽到孔子讚揚顏淵，似乎心裏不服氣。於是，子路曰：「子行三軍則誰與？」

子曰：「暴虎馮河，死而無悔者，吾不與也。必也臨事而懼，好謀而成者也。」[19]暴虎：徒手與老虎搏鬥。馮河：不會游泳，不用船隻，徒步過河。

這次孔子和子路對博，子路認為自己能統帥三軍，有本事，而孔子不表揚自己，直問孔子：給你三軍，你讓誰去統帥呢？意思是叫顏淵帶兵打仗還是叫我率領三軍打仗呢？孔子針對子路有勇無謀的特性，教育他做事不能只憑勇氣而無謀略，就好比空手與兇猛的老虎搏鬥，徒步過河，不研究策略，自找死亡而不後悔。這樣的人，孔子說

---

19 《論語・述而》，頁68。

自己是不願和其共事的。

請看下文孔子和子路繼續對弈的故事。

子路曰：「衛君待子而為政，子將奚先？」

子曰：「必也正名乎！」

子路曰：「有是哉，子之迂也！奚其正？」

子曰：「野哉，由也！君子於其所不知，蓋闕如也。名不正，則言不順；言不順，則事不成；事不成，則禮樂不興；禮樂不興，則刑法不中；刑法不中，則民所錯手足。故君子名之必可言也。君子於其言，無所苟而已矣。」[20]衛君：指衛出公蒯輒。正名：正式職位，官位。闕：通缺，有疑問。中：得當，適宜，不偏不倚。

偉大孔子關於「正名」的思想，對於當今企業家研究未退人和代理人的理論，非常之重要，我將在後文有所論述。

在孔子的耐心教育開導下，子路（仲由）逐漸進步，多次請教孔子做事做君子為臣的道理。

子路問成人。子曰：「若臧武仲之知，公綽之不欲，卞莊子之勇冉求之藝，文之以禮樂，亦可以為成人矣。」曰：「今之成人者何必然？見利思義，見危受命，久要不忘平生之言，以可以為成人矣。」[21]成人：全人，完美無缺的人。臧武仲：魯國大夫臧武紇。卞莊子：魯國大夫，封地卞邑，以勇氣著稱。冉求：孔子的學生，多才多藝。要：同約，貧困。

20　《論語・子路》，頁 136-137。
21　《論語・憲問》，頁 153。

這段對話表明子路想成為一位完美的人。孔子舉了四位智、仁、勇、藝、禮者，啟發子路，能做到有智慧，仁義、勇敢，多才藝，懂禮儀的人就是完人了。孔子還說：完美之人還要做到見利思義，見危受命，即使貧困也樂而忘憂，這也是一個完美的人。

子路問曰：「何如斯可謂之士矣？」子曰：「切切偲偲，怡怡如也，可謂士已。朋友切切偲偲，兄弟怡怡。」[22]切切偲偲：態度誠懇，與朋友和睦相處。怡怡：和順的樣子。

這裏孔子開導子路，要想成為士，首先要處理好兄弟朋友之間的關係，親情和順，待人誠懇，這應是做士最起碼的道德修養。

子路問君子。子曰：「修己以敬。」

曰：「如斯而已乎？」曰：「修己以安人。」

曰：「如斯而已乎？」曰：「修己以安百姓。修己以定百姓，堯、舜其猶病諸！」[23]病：擔心。

這段文字不難理解。子路可能想成為君子，於是乎請教孔子如何做？孔子強調修煉自己，目的是養成恭敬謙遜的品格，使親朋好友和百姓都得到安樂。就連堯、舜恐怕都擔心不能做到。

在孔子的耐心啟發教育之下，子路對孔子非常尊敬，跟隨孔子周遊列國長達 13 年之久。有一次，子疾病，子路請禱。子曰：「有諸？」子路對曰：「有之。《誄》曰：『禱爾於上下神祇』。」子

22　《論語‧子路》，頁 148。

23　《論語‧憲問》，頁 165。

曰：「丘也禱久矣。」[24]可見，子路對孔子病疾非常之關心，祈望神靈保祐老師早日康復！

孔子與眾弟子在周遊列國途中，有一次子路掉隊了，跟在後面追趕。途中遇到一位正在田間芸草的老者便問：「子見夫子乎？」您看到我的老師了嗎？老者說：就是那位四體不勤，五穀不分的孔夫子嗎？老者可能出於對孔子的尊敬，便把子路請到家裏過夜，殺雞、做飯招待子路。次日，子路終於趕上了孔子，便把昨天遇到老者的事告訴了孔子。孔子說：那是一位不願為仕的隱者啊。

子路說：「不仕無義。長幼之節，不可廢也；君臣義，如之何其廢之？欲潔其身，而亂大倫。君子之仕也，行其義也。道之不行，已知之矣。」[25]

從這一段師徒對話，可以看出子路已變得通達倫理道德了，知禮且知義，與當初入孔門「由也喭」的剛烈粗魯個性判若兩人焉。

據史料記載，子路後來到了衛國，「為衛大夫孔悝之邑宰蒯聵乃與孔悝做亂，謀如孔悝家，遂與徒襲擊出公。出公奔魯，而蒯聵入立，是為莊公。方孔悝作亂，子路在外，聞之而奔往。遇子羔出城門，對子路說：出公已去而城門閉，子可還矣，你可回去了，毋空受其禍。子路曰：食其食者不避其難。子羔卒去。有使者入城，城門開，子路隨而入。造蒯聵，蒯聵與孔悝登臺。子路曰：君焉用孔悝？請得而殺之。蒯聵弗聽，於是子路欲燔（焚燒）臺，蒯聵懼，乃下石

24　《論語・述而》，頁 76、77。

25　《論語・微子》，頁 203。

乞，壺黶（深黑色）攻子路，擊斷子路之纓。子路曰：君子死而冠不免。隨結纓而死。

子路臨危不懼，為義而死。孔子聽到子路死的消息，非常之悲痛。曰：「嗟乎，由已死！已而果死。自吾得由，惡言不聞於耳。」[26]

從孔子與子路相處過程不難看出，師徒之間同樣存在著博弈。只是博弈的目的、內容、方式、手段不同於政治、軍事、經濟博弈。這是孔子在傳道、授業、解惑過程中，循循善誘，與弟子們友善交流溝通，培養出像子路這樣的忠義之士焉！

孔子是中國古代偉大的教育家，開啟有教無類之先河。在長達幾十年的教育生涯過程中，從教育內容到教育方法，針對不同的弟子個性信息特點，採取個性化的教育方式。如針對子路的個性特點，多次根據不同的事情，不採取千篇一律的教育方式，開導啟發子路。孔子的偉大教育思想理論，值得今天教育工作者們認真總結學習繼承，同樣也值得企業委託人（投資人）對員工的教育培養，充分體現以人為本的思想。

下面介紹孔子和子貢的對弈。

2 孔子與子貢博弈

子貢，姓端木，名賜，字子貢，孔子弟子，少孔子三十一歲。子貢思維敏捷，能說會道，非常善於外交，他充分研究個諸侯國的信

---

26 倪世和：《論語與商道》（太原市：山西人民出版社，2006 年 6 月），頁 52。

息，利用矛盾，遊說於諸侯國之間。故子貢一出，存魯、亂齊、破吳，強晉而霸越。由於子貢對信息非常重視，他行於各國，使勢相破，十年之中，五國各有變。

子貢不僅善於外交，而且善於經商，是我國古代儒商之奇才！他「善猜度」，不受官府之命，「賣鬻貴」，奔走於曹、魯之間，後「億則屢中」，府庫充盈。

子貢聰敏睿智，經常提出一些似是而非的問題讓孔子回答。請看下面師徒對話：

子貢曰：「有美玉於斯，韞櫝而藏諸？求善沽而沽諸？」子曰：「沽之哉！沽之哉！我待沽者也。」[27]韞：收藏；櫝：匣子。韞櫝：藏在匣子裏。

子貢是在設問孔子：這裏有塊美玉，是把它收藏在匣子裏，還是找善識寶玉的商人來估下價，把它賣掉呢？孔子連聲說賣掉吧！賣掉吧！我等待商賈啊。

這段對話體現子貢對孔子的心情非常瞭解，孔子求仕不得，作為學生非常理解老師的心理。所以，子貢設問於孔子，假借賣玉以安穩孔子之心情。此問說明子貢具有深思之才智，按照現代博弈論之說法，子貢基本掌握了孔子的思想信息。

子貢有次問孔子曰：「賜也何如？」子曰：「女，器也。」曰：

27　《論語·子罕》，頁92。

「何器也？」曰：「瑚璉也。」[28]瑚璉：古代祭祀用的非常貴重的器皿。

子貢大概想瞭解孔子對自己的看法和評價吧，於是就問：老師，你看我何如呀？我怎麼樣呀？孔子說：你很好呀，你像是一件器物。子貢接著又問：我是什麼器物呀？孔子解釋說：是宗廟裏盛黍稷的瑚璉。孔子肯定了子貢的才幹，因為他老人家對子貢的才能十分瞭解，也非常器重，所以就用非常珍貴的瑚璉比喻子貢。這裏我們可以領悟到孔子識別門人（弟子）的智慧。

上述兩段文字，第一段講到是子貢對老師的瞭解，採取巧妙的方法，與老師溝通；第二段是講孔子對子貢的評價。他們各自都熟悉對方，所以才建立了和諧的師徒關係。孔子與子貢相互瞭解，互相溝通，相互信任，如果把孔子比作委託人，眾弟子就是代理人。

當今企業老闆們如若像孔子那樣瞭解子弟，真誠對待員工。與員工之間，彼此若能瞭解對方的信息，經常溝通，一定能建立起和諧的人際關係，實現企業內部之均衡，形成企業的核心競爭力！

研究博弈論的學者講到企業委託人與代理人之間的博弈，企業老闆是委託人，員工是代理人。委託人與代理人之間如何形成良好的互信關係，我將在後文加以論述。

偉大的孔子門人三千，賢人七十二。他老人家與諸弟子之間在長達幾十年的時間裏，共同生活學習，互相照顧，相互勉勵。眾弟子忠

---

28 《論語・公冶長》，頁41。

實於孔子的思想，形成了中國儒家亦可稱儒教獨特的人倫哲學和價值觀。孔子逝世後，弟子們繼承孔子的思想，薪火相傳，延綿不斷至今。且為世界各國精英與廣大民眾所公認。

我們學習研究孔子儒家思想，目的就是要積極吸收孔子儒家之智慧，與現代博弈論學者的思想融會貫通，在激烈地競爭博弈過程中，立於不敗之地。

下面研究委託人與代理人博弈理論問題。

（三）正名理論──企業委託人與代理人

1 正名

在《論語・子路》篇裏，孔子論述了關於「正名」的思想。一個人生活在社會上，無論做什麼工作，都需要有個名，這樣才便於與他人交往。孔子關於「正名」的理論，就是他老人家的管理哲學思想，對當代政治、經濟、軍事、社會、文化教育各條戰線都具有十分重要的指導意義。

上文談到孔子到了衛國，受到衛國君主的款待，並要求孔子出來為衛國做事。孔子則要求衛君使用他，須給他一個名份，一個官位職務，這樣他才可以履職。否則，就是名不正，而名不正則勢必言不順焉！

研究子路和老師孔子的這段對話，主要內容是孔子強調為政需先正名的重要性。由於子路不明白這個道理，所以說孔子太迂腐了，何

必要證明呢，衛君叫你去從政你去就是了。這時，孔子罵了子路「野哉，由也！」你這個小子太粗野了。並用嚴謹的邏輯語言，論述為政須先正名，即必須先要明確官職，官職就是職位，行駛權力的範圍。哪些能管哪些不能管。明確了職位，才能不亂作為，才好明正言順地去做官辦事。孔子認為：君子不能馬馬虎虎，隨隨便便的去做事情，否則就是名不正，言不順矣。這是孔子開導子路為官須正名的道理。這就是現代博弈論所論述的委託人和代理人之間的權利關係，後文將有論述。

博弈論學者論述企業委託人與代理人。這裏，孔子實際上是在強調委託人和代理人之間的關係。衛君是委託人，孔子是代理人，衛君若要孔子為其做事，必須要有委託文書，現代稱履職命令或協議合同。孔子一旦接到委託人的委託文書，就名正言順地替委託人——衛君做事了。關於如何理解委託人和代理人的理論，這是當代信息管理經濟學的重要內容，後文將作些論述。

我們當今研究孔子《論語》的目的，是學習偉大先哲的智慧，領悟先聖的關於正名和交友的思想理論，為當今國人尤其是企業家在激烈的市場商戰過程中，尋找聘用優秀的代理人開啟智慧，贏得競爭博弈之勝利。

2 委託人與代理人

信息經濟學是非對稱信息博弈論在經濟學上的運用。（asymmetric information。）

非對稱信息是指某些人擁有信息但其它人不擁有此類信息。發生

信息不對稱的原因是多方面的，信息壟斷，競爭需要；及時傳遞其信息的準確度、可信度，真假信息混淆視聽。有道德的原因、知識的原因、轉手誤傳遞信息偏離原信息。信息可能是技術的、經濟的、軍事的、人事的……。

發生隱藏行動（action），隱藏知識（knowledge）。這二者都可以設計出隱藏模型。

隱藏私人信息的稱為「代理人」（agent），不擁有私人信息的稱為「委託人」（princpal）。信息經濟學所研究的就是委託人和代理人之間的博弈均衡問題。代理人往往擁有占優信息，委託人不擁有或不完全擁有相同信息。代理人是知情者，委託人是不知情者。代理人知情者的信息影響到委託人不知情者的利益。委託人要想得到代理人信息，由此而產生委託——代理理論研究。也可以理解為孔子「正名」思想的研究。

隱藏行為的道德風險：

企業雇主和雇員的關係：雇員或稱為代理人的身體狀況、知識技能、品德、行為等諸多信息，開始委託人並不完全掌握，這就要求代理人不能隱藏個人信息，否則給委託人帶來諸多風險，這屬於代理人的道德品質問題。

還有，代理人隱藏業務信息的道德風險：如開始對委託人不誠實，有意隱藏他掌握市場需求信息、技術信息、材料信息等委託人需要知道的信息。

這就要求委託人在招聘代理人時，企業要建立信息傳遞通道，及時搜集信息、仔細甄別信息、即時傳遞信息給公司老闆。同時，委託人要認真研究孔子關於交友用人的教誨和論述，制定選人的具體規定和要求。

委託人與代理人之間互相關聯，委託人要想得到代理人的信息而獲得利益，就必須研究激勵措施，獎勵代理人，制度設計須對委託人和代理人都有利。

委託人要精心設計激勵合同，並考覈道理人的業績，據此而進行獎勵，化解委託人和代理人之間的利益衝突。委託人盡最大努力激勵代理人努力工作。

委託人受代理人的約束：

第一，參與約束（participation constaint），即代理人的得到效益不能小於委託之前的最大期望效用，稱之為保留效用。

第二，是代理人激勵相容約束（incentive compatibility constraint）。在任何情況下，代理人總是選擇能使自身效益最大化的行動，這些行動委託人是很難觀測到的。委託人的期望效益都是通過代理人的行動實現的。代理人應有保留效用。

委託代理人才，要緊緊圍繞公司對人才的需求，凡是有一定規模的民營企業，大體都需要招聘以下幾種類型的配套人才：

a 懂得戰略謀劃的高端管理人才；

b 善於創新的尖端技術人才；

c 精心操作的熟練技工人才；

d 善於把商品轉化為貨幣的銷售人才（工程師）。

以上幾種類型的人才，只要委託人能制定並實施相應的激勵相容，就能充分發揮他們的作用，他們就會為委託人奉獻聰敏才智。委託人與代理人的信息才能對稱。

3 對稱信息情況下的最優合同

委託——代理關係的中心問題是「保險」（insurance）和「激勵」（incentive）的互相交替問題。激勵合同可以建立在行動上，委託人可以指定「強制合同」，「激勵相容」就是多餘的了。

最優風險分擔合同：利益共用，風險共擔，這在買賣合同里要充分體現的。如果是企業出現風險，大多數情況下，委託人獨自承擔風險概率最大，代理人可能不承擔任何風險或逃之夭夭。所以，委託人指定訂的激勵合同對代理人應有一定的約束機制，即權利與義務均衡，薪酬與風險共擔。這應是最優激勵合同。

最優激勵問題，在企業裏一般很難把握，須認真研究，使代理人既有責任也有義務，既有高額回報，也有一定的壓力。

所以，在研究代理人的最優努力水準時，當委託人不能觀測到代理人的努力水準時，最優激勵合同要求代理人承擔比對稱情況下最大的風險。這樣，委託人一旦出現風險時，委託人與代理人雙方共同承擔風險。

4 信息不對稱情況下最優激勵合同

委託人對代理人無法觀測其努力工作的情況，此時須實行激勵相容，激勵代理人盡最大努力滿足委託人的期望效用。

這裏，激勵條件非常重要，能讓代理人心甘情願為委託人效力。同時，對代理人監督也是必不可少的。可以為代理人提供諸多信息，說明代理人化解矛盾，減少代理人的風險，化不利為有利。

我所在的公司於 2007 年、2010 年，先後聘請了兩名總經理，主持公司經營管理工作。由於文化理念不同，我們對這兩位代理人的信息沒有完全掌握，這兩位總經理在我們公司時間不長先後離去。我們自己檢討，在和他們簽訂勞務合同時，沒能認真研究細則，致使企業受到一定的經濟損失。所以，企業委託人要認真學習研究委託——代理知識理論。

5 委託——代理理論

代理人市場——聲譽。代理人重視市場約束，努力工作提高收入。委託——代理關係應是長期的，這樣對委託人和代理人都會帶來穩定感，代理人才會安心工作。

棘輪（jilun）效應：建立代理人激勵機制評價，激勵代理人努力工作，創造業績。激勵機制評價標準應合理、透明、公正，易操作。

激勵標準不能隨意變更，朝令夕改，鞭打快牛，否則挫傷代理人的積極性。隨企業經營業績上陞而提高標準的做法，稱之為「棘輪效應」。它是蘇聯計劃經濟時代的做法，上年產量訂的高，下一年肯定

要高於上一年，因此，中國叫「鞭打快牛」。

企業與代理人訂立合同，並保證合同得到遵守，使代理人每個時期都有正確的激勵。不能訂立長期合同，因長期合同不能滿足動態一致性的要求。事物發展變化無窮盡，應隨變化而變更合同標準。

委託人的道德風險與錦標制度：委託人依據代理人的業績排名，即為「錦標制度」（rank-order tournaments）。委託人的收入依據代理人的業績。

委託人須忠實履行合同，規避道德風險。凡承諾的均需兌現。否則，挫傷代理人的積極性。甚至於要被起訴，被法院判罰重金。所以，委託人的誠信非常之重要。凡不講誠信的委託人，肯定無法和代理人和諧共事的，也肯定得不到代理人的衷心支持的。

委託人須遵循孔子之教誨：「人而無信，不知其可也。大車無輗，小車無軏，何以行之哉？」（《論語》。）由此可知，誠信是做人從最基本的道德。

代理人亦須講誠信，才能與委託人和諧相處，共同把企業經營好，獲得好的效益。

6 多項任務委託──資產所有權

企業內部有不同崗位，需委託眾多代理人。不同崗位的代理人工作很難觀察具體，監督到位。這就涉及到對代理人業績的評估和工資薪酬的計算。

固定工資和激勵獎金：一個代理人從事多項工作，對其工資如何激勵？這就要制定可觀測標準，凡可觀測的業績可實行激勵，不可觀測的不實行激勵。激勵只是在要鼓勵代理人更努力工作時才需要。

資產所有權安排：委託人的資產依據契約規定，轉讓給代理人，如計程車司機和計程車公司契約。

企業與代理人之間也有類似情況，如獎勵車子、房子、股權……。

效率工資與監督力度：

效率工資（efficiency wage）：最初來自於發展經濟學。古典經濟學認為：工人工資決定於公認的邊際生產率；發展經濟學家認為：邊際生產率決定於工資。——精準工時定額，合理的工時值，嚴格的考覈統計，是激勵的重要內容，必須用制度寫明。委託人要注意激勵工資下的監督，不能粗枝大葉，該激勵的一定要及時激勵，只有兌現，委託人言必信，信必果，才能調動代理人的積極性。委託——代理契約才能有效。

7 團隊工作與委託人的作用

孔子率領眾弟子周遊列國，實際上就是一個集體團隊。團隊（team）：是指一組代理人他們獨立地選擇努力水準，創造一個共同的產出。他們目標一致，利益相關，互相依賴和制約。團隊首領是指揮員，非常重要。團隊內部激勵差異，區別薪酬等級。後文將有論述。

最優的委託權安排：不僅要考慮風險問題，而且要考慮激勵問題。這是標準委託——代理理論的主題，與孔子「正名」思想應是一致的。

在企業裏，經營者委託人者信息不對稱，相互之間均有隱私，尤其是上下之間缺乏溝通。經營者是代理人，經營者的行為最為重要，也最難監督。

剩餘索取權是委託權的基本內容之一。還有控制權（contryl rights）或監督權（authority of monitoring）。委託權與控制權、監督權是一致的。

代理人亦需有某些控制、監督權，使職務與權力均衡。委託人想幹的事情委託代理人幹，代理人可能會樂意幹或不樂意幹，但由於委託合同約定，只好接受委託人的委託，努力去幹好。

上文談到激勵約束問題：企業對於任何一個代理人只要他的貢獻越大，他得到的剩餘份額越多，憂勞憂得，多勞多得，這是企業激勵最重要的制度措施。總經理位置非常重要，他承擔企業經營責任，他應作出更大的努力，他得到的剩餘份額就應越多。

還有監督問題：企業應有監督機制，投資人應受政府監督和股東會監督；經營者受投資人監督和市場監督；生產者應受經營者監督，生產者對經營者亦可監督或不監督。

監督要十分注意方法——主動溝通、及時溝通、和諧溝通、坦誠溝通，互相切勿推卸、梗塞、指責，與人為善，坦誠相見。

監督區域和範圍：要明確，企業各環節都須納入監督，用程序嚴格控制。

在一個不確定的環境下，決定企業生存和發展的關鍵因素是經營者的決策！所以經營者決策好壞直接關乎企業的發展。

委託權最優：包括委託代理人選擇、代理人職責、許可權、激勵、監督等內容。

逆向選擇與信號傳遞：委託人需要獲得代理人的信息，這是逆向選擇問題。委託人需十分謹慎，在交易前要考慮觀察仔細，一旦簽訂了合同，就不易變更了。

本章小結：本章主要是依據孔子「正名」的思想，論述企業委託人與代理人的理論。企業委託人就是投資人，就是老闆。投資人要經營好自己的企業，必須聘請代理人。要用契約約束和代理人的關係，研究代理人的理性偏好，保障代理人的權利和義務，尤其是代理人的薪酬。

（四）市場博弈與理性偏好

1 理性偏好

社會是由人群組成的。人都具有社會屬性，都有理性偏好。現代經濟學研究各種參與人的博弈形式，其目的就是研究理性人的偏好。在當代信息經濟學研究中，學者提出「委託人」與「代理人」之概念。在市場博弈裏，既有委託人參與競爭，也有代理人參與博弈。市

場經濟學博弈就是研究滿足人的理性偏好最大化！

正如孔子所言：富與貴，乃人之所欲，不以其道得之，不處也；貧與賤人之所惡，不以其道得之，不去也。早在 2500 多年前，偉大的孔子就在研究人的需求和偏好，他老人家指出：富與貴人之所欲，貧與賤人之所惡。這裏孔子就是在研究人人都偏好富貴，厭惡貧賤。這種人之所欲就是人之偏好。孔子強調人的所欲有兩個方面：一是富裕，有銀子，如子貢不受官府之命，善猜度，億則屢中，府庫充盈；子貢的最大偏好就是做生意獲得利潤，而後博施於民而濟眾。二是高貴，做官有地位，或為民辦實事，或為己撈私利，不以其道貪得錢財好處。

學者指出：古典經濟學是研究稀缺資源的有效配置的科學；現代經濟學研究人的行為（humanbehaviour）的，研究人的理性即人的最大化的偏好。理性人可能是利己主義者，也可能是利他主義者。

利己或利他，都是理性人的偏好。孔子曰：「君子寓於義，小人寓於利。」君子重義利他，小人輕義利己。不論是利己或利他，都需要互相合作（cooperation）。合作與衝突（conflict）並存。所以企業家們要制定各種規則制度，尤其是市場及價格制度，規範各自的行為，理順各種利益關係，化解矛盾衝突，獲得和諧均衡，使委託人與代理人都能實現各自的偏好。

衝突 即博弈　在研究市場化解衝突時，要考慮對方的反應，做到「視其所以，觀其所由，察其所安。人焉廋哉？人焉廋哉！」只要充分瞭解對方的各種信息，才有利於自己做出取勝的決策。──這

就是現代博弈論所要研究的基本問題。

決策前，要盡最大努力掌握對方各種信息。但無論如何或取得的信息是不完全的，不對稱的。此時要制定相應的制度，以滿足「激勵相容」（incentive compatible）條件。這是信息經濟學所研究的基本問題。

2 博弈論研究主體

現代博弈論研究主體（game theory）：是研究決策主體行為發生直接相互作用的決策以及這種決策的均衡問題。個人或集體決策影響到其它個人或企業，所以，「博弈論」又稱「對策論」。古代兩人下棋博弈，要首先研究對方策略，仔細觀察對方運動棋子的目的，然後再制定自己的攻守策略。這裏就要遵循孔子的教誨，努力做到「視其所由，察其所以，觀其所安」，在精明的對手也無法藏得住真正的意圖。

個人決策只依賴於他自己的信息量的選擇，而不依賴於其它人的信息選擇。這種個人決策選擇可能是有效的也可能是無效的。個人決策風險較大。所以，「博弈論」強調個人效用函數不僅依賴於他自己的選擇，而且依賴於他人的選擇。個人最優選擇是他人選擇的函數。「博弈論」研究的是存在相互外部經濟條件下的個人信息選擇問題。

現代博弈論的代表人物有納什（Nash）、澤爾騰（Seiten）、海薩尼（Hsrsanyi）三位諾貝爾經濟學獎獲得者（1994）。

3 合作博弈（cooperative game）和非合作博弈（non-cooperative

game）

現代博弈論可分為合作博弈和非合作博弈，它們區別在於人們對行為相互作用時，當事人能否達成一個具有約束力的協議，有無一種 binding agreement（強制契約）。如果有，即是合作博弈，反之，即為非合作博弈。

合作博弈強調的是團隊理性，就是 collective rationality，強調的是效率（efficiency）、公正（tairness）、公平（equality）；非合作博弈強調的是個人理性、個人最優決策，其結果可能是有效率的，也可能是無效率的。

博弈論是一種方法，它研究領域非常廣闊，政治博弈、軍事博弈、政府博弈、經濟博弈等等無所不包。大到世界範圍，小到家庭成員之間，都存在著博弈。

研究博弈必須重視對信息的研究。博弈離不開信息的支持。信息問題成為經濟學家關注的焦點。無論是個人決策或團隊決策，都需準確把握信息資料，作為決策的依據。在不瞭解信息的情況下，去參加博弈，就等於盲人騎瞎馬，夜境臨深池，博弈結果失敗無疑。前文論及孔子在夾谷會盟，與齊侯博弈，取得勝利，就是事先孔子做了精心地研究和準備，逐一擊敗齊侯的陰謀。

另外，個人或團隊決策有一個信息時序（sequence order）問題。即對決策之前和決策之後的別人的決策有所瞭解或猜測。你的決策受你之前別人決策的影響，同時也會影響到之後別人的決策。——這是決策者必須關注的十分重要的問題。例如，現代市場競爭博弈，你們

公司參加競爭，你如何策劃時序，盡力瞭解別人參與競爭的信息，為你參與競爭提供情報。在你們公司參加競爭後，你的信息也一定會影響到其它企業。競爭者之間的信息互相影響。

信息理論要研究的就是信息和時序問題。我們從孔子多次博弈獲勝來分析，足以說明上述道理。知己更要知彼，才能取得博弈之勝利。

4 博弈論研究對象的關係

前文已作些論述。當代博弈論進入主流經濟學，出現了以下幾個傾向：

首先，研究對象逐漸轉向個體，研究個體在約束條件下如何實現效益最大化。

第二，逐漸轉向對人與人直接關係的研究。特別是對人與人之間行為的相互影響和作用，人們之間利益衝突與一致性，競爭與合作。個人理性可能導致集體非理性的矛盾和衝突。解決這種衝突不能靠政府干預，不是否定個人理性，而是設計一種機制，在滿足個人理性的前提下，達到集體理性。處理好個人理性和集體理性的關係，要靠科學的制度來約束，才能實現均衡。

偉大孔子有弟子三千，賢人七十二。他老人家在培養諸多門人弟子過程中，運用因人而教的原則，突出個性，不千篇一律，使得不同個性的弟子都能成為有用之才。這應是古代孔子對個人理性研究的一大貢獻焉！

第三，信息之重要性

博弈論非常重視對信息的研究，特別是信息不對稱對選擇決策的影響。信息經濟學就是非對稱信息博弈論。

當今，無論是國與國之間的政治博弈、經濟博弈、軍事博弈、科技博弈，還是國內中央與地方政府之間的博弈以及企業與企業之間的博弈，都是屬於信息不對稱之博弈。

所謂信息不對稱，就是博弈雙方一方掌握的信息多，勢力強，諸多方面佔優勢。反之，另一方方掌握的信息少，實力弱，敵不過對方，也就是所謂敵強我弱之態勢。要想不被對方吃掉，或擊敗對方某些要害環節，就要研究諸多信息，儘量多獲得一些信息情報，減少不對稱的分量。

前文論述孔子率眾弟子與匡人博弈，匡人開始誤以為曾經侵害過他們的陽虎又來了，把孔子師徒圍困數日。而孔子心理明白匡人的意圖，決定由弟子子路唱歌，他和之跟著唱，這就是給匡人傳遞信息，告訴匡人：我們不是陽虎。當匡人聽到子路唱歌彈琴的信息後，立即撤去圍困之　徒。從這個故事可以明白，博弈各方掌握信息是多麼的重要啊！

下面研究博弈論的基本要素。

5 博弈論基本要素

北京大學張維迎教授對博弈論提出七個基本要素：

（1）參與人；參與人（player）：可能是個人也可能是集體，以

做用最大化為目的。

（2）行動（action）：是參與人的決策變數。主要指時間節點和方式——離散的或連續的。行動順序（order of play），明確先做什麼後做什麼，它對博弈結果非常重要。公司市場部門的業務員跑市場，像使用者推銷本公司的產品。事前要制定周祥的銷售計劃，選擇有利時機，努力掌握買方需求信息，採取主動進攻，先下手為強或後來者居上，尋找突破口。這就需要制定行銷戰略。

（3）戰略（strategy）：是參與人選擇行動的規則和計劃，它告訴參與人何時選擇何種行動有利，戰略需完備，給出選擇或不選擇，用以指導參與人行動。戰略含博弈參與人的信息集合，每個參與人的戰略空間，每個參與人的支付函數（效益最大化）。

譬如，你的企業做什麼或不做什麼，何時開始做，如何組建團隊等重大決策信息，這都你們公司的是戰略信息。

占優戰略（dominant stregy），指參與人所有課選擇的戰略中嚴格優於所有其它參與人的有所戰略，理性的、嚴格的剔除劣勢信息，注重差異化即反大眾化信息集合，確保你的企業在競爭中能贏，能獲得經濟效益。

（4）信息（information）：是指參與人所掌握的知識，尤其是競爭對手的特徵和行動的知識。信息有完全信息（complete information）、完美信息（perfect information）。準確掌握共同知識資料（common knowledge）……。完全信息大概是指對方各種信息你都能掌握，完美信息是指你掌握的信

息非常之精準、精確，為你的企業競爭贏提供優質情報。
所以，現代企業要十分重視對市場競爭對手各種信息的搜集和分析，並要建立信息庫，儲存信息資料，為公司決策者們研究發展戰略，提供精準的信息情報資料。

我國《孫子兵法》是一部世界軍事博弈哲學名著。強調軍事家要瞭解信息，掌握敵人各種信息的重要性。大家耳熟能詳的名句「知己知彼，百戰不殆。」就是強調要做到知己，就必須對自己的企業做全面的分析，也要瞭解競爭對手的信息，這樣，才能不打無把握之仗。

企業家還要要精心領悟孔子關於「九思」之論述，編制分析提綱，既要分析己之優勢，更要分析己之劣勢。同時，還要認真分析企業外部環境，牢牢把握機遇，抓住機遇，乘勢而進；更要分析來自外部的威脅和風險，設法規避各種風險，用高超的智慧和管理藝術手段，阻止競爭對手的進入。

（5）支付（payoff）：支付是參與人期望經過博弈獲得的效益水準，是每個參與博弈者及所有參與人所關注的焦點。支付期望值由各種參與人有關，或獲得高額收益，或利益微博，或一無所獲。

企業競爭只有贏，才能有好的支付。每個參與博弈者都希望得到好的支付信息，個人工資薪酬是由企業銷售商品而獲得的。只有競爭勝出了，企業才有效益，員工才能得到支付薪酬。

（6）結果（outcome）：結果是指博弈分析者感興趣的要素的集

合，參與人的期望值。這大概是指財富分配的多寡，它關乎每個參與人的切身利益。這個結果信息與支付是密切相關聯的，企業員工每個月中旬都盼望公司按時發工資，而且都能領到自己勞動付出的薪酬，養家糊口，供養子女上學讀書。所以，結果信息對公司全體員工包括投資人來說，都是非常重要的信息啊！

（7）均衡（equilibrum）：均衡是所有參與人的最優戰略或行動的組合。上述參與人、行動、結果統稱為博弈規則。博弈分析的目的就是要科學使用博弈規則獲得博弈多個均衡──偏好最大化。這大概是指分配既要遵循效率優先，也要關注利益分配公平。

目前，利益分配不公，是引起民怨的重要原因之一，嚴重影響社會之穩定。作為企業老闆要時時做到以人為本，就要十分關注公司分配利益均衡，要科學制定薪酬激勵制度，既要充分體現多勞多得，憂勞憂得，也要兼顧員工中的弱勢人群，加大福利投入資金，對確實因天災人禍造成的困難員工，要給予及時補助，以解他們的燃眉之急需。企業老闆們這樣做了，得人心了，這就符合孔子儒家「為政以德」之教誨了。

6 博弈類型

博弈按時序分為靜態博弈（static game）和動態博弈（dynatic game）。

靜態博弈：是指諸多參與人同時選擇行動，或雖不同時行動但不

知道對方的行動信息。

例如體育競賽，100 公尺賽跑，運動員幾乎同時起步往前衝。彼此的信息都知道，比賽結果大家都掌握。這種博弈屬於靜態博弈。下棋也是屬於靜態博弈，目前各地政府採購，參加投標的企業幾乎同時投送投標檔，這大概也是靜態博弈了。

研究靜態博弈的意義，我理解主要是參與博弈者要精細制定博弈計劃，不打無準備之仗。並要注重平時訓練基本功，多瞭解多搜集競爭對手的信息，認真研究博弈策略。這樣做了，在靜態博弈時，一般是不會出現慌亂現象的。

動態博弈：是指參與人的行動有先後順序，而且後行動者能夠觀察到先行動者的所選擇的信息。這裏，參與人對其它參與人的行動信息特徵、戰略空間、支付函數等知識能夠準確的掌握。這就形成了完全信息博弈和不完全信息博弈。如體育運動比賽項目中的體操比賽，跳高、跳遠比賽，參加比賽的運動員們不是同時上場，而是有先有後競技。運動員對對競爭對手的身體素質和技術水準乃至於每一個關鍵動作都非常瞭解，比賽處於動態過程之中。這是一種完全信息博弈。

完全信息博弈：是指參與人對其它參與人所有信息能夠準確掌握；知己又知彼，競爭比賽勝算可能性較大。

不完全信息博弈與此相反，對所有競爭對手行動信息知識知之甚少或一無所知。中國足球屢戰屢敗，很可能既不知己，也不知彼，所以在國際比賽博弈中，丟盡了國人的臉面，遭到眾人吐罵和譴責。

綜上所述，博弈有四種類型：

（1）完全信息靜態博弈；
（2）完全信息動態博弈；
（3）不完信息全靜態博弈；
（4）不完全信息動態博弈。

匯出四個均衡概念：

（1）納什均衡（Nash equilibrium）；
（2）子博弈精鍊納什均衡（subgame perfect Nash equilibrium）；
（3）貝葉斯納什均衡（Bayesian Nash equilibyrium）
（4）精鍊貝葉斯納什均衡（Perfect Bayesian Nash equilibyrium）。

靜態博弈類型很多：下棋博弈、夫妻吵架博弈、體育比賽、鬥雞博弈、智豬博弈、技藝競賽、企業內部各層面博弈等等，大都屬於靜態博弈。這些內容我將在後文做些研究。

社會生活中，動態博弈比比皆是。

7 完全信息靜態博弈——子博弈納什均衡

所有參與博弈的人遵守一種最優戰略組合，規定每個人的行為規則。這種行為規則如果沒有強制約束力，可能有人違背不執行集體規則，就實現不了納什均衡。

案例 1——囚徒困境（Prisoners』 dilemma。）

這是博弈論裏的經典案例。說的是有兩個疑犯被員警抓並關進拘

留所，每人關在一間，隔離審查。審查結果有以下幾種可能：

甲坦白、乙也坦白；甲坦白、乙抗拒；甲抗拒、乙坦白；乙抗拒、甲抗拒。

每個囚徒都需選擇坦白或抗拒，在警方證據充足或不足的情況下，結果不一樣的。如果確實做了壞事，且警方證據充足，選擇坦白是理性的選擇，叫占優戰略。只有兩個囚徒都選擇坦白，才能走出「囚徒困境」。

現實生活中，存在著大量的「囚徒困境」，導致社會矛盾多多，造成不和諧，不均衡。比如，房地產開發商依託政府拆遷民房，因補償不合理，老百姓拒絕拆遷。而政府為了「土地財政」往往採取強拆的粗暴做法，引起官民矛盾衝突。如果政府充分考慮百姓利益，耐心做好疏導工作，使被拆遷戶理性接受政府的補貼賠償方案，這個利益衝突就能化解了。這個案例在全國可謂比比皆是，由於政府和被拆遷者雙方都不是「理性人」，所以引起衝突的惡性事件不斷發生，責任應主要在政府方面。因老百姓永遠是弱勢群體。假若政府和百姓都是理性人，尤其是政府方面真正做到以民為本，滿足老百姓的利益合理訴求，就能做出「囚徒困境」。

所以，強調個人理性與集體理性一致性非常重要。個人理性要服從集體理性，兩個囚徒如果都具有個人理性，都選擇坦白，就不會發展為衝突。

在社會生活中，需十分慎重對待個人理性與集體。如各地多次發

生的強徵強拆農民土地事件，侵犯民眾利益，造成百姓與政府對抗，有的甚至於釀成悲劇。這樣的案例很多，中央高度重視此類事件，採取化解矛盾的積極措施，使個人理性與集體理性相一致，走出「囚徒困境」，實現社會和諧與均衡。

企業各種制度需體現納什均衡。制度既是禮規，也是平衡工具，用以指導各種工作秩序、工作標準，使企業內部各項工作有條不紊。

儒家主張建立和諧社會，政府實行仁政，百姓之間提倡包容與寬恕，己所不欲，勿施於人。企業家要積極宣導和遵循儒家忠恕之道，協調人與人之間的關係，解決個人理性與集體理性、社會理性之間的衝突，化解企業內部各種利益矛盾，從而實現和諧發展，均衡發展，避免「囚徒困境」的發生。

案例 2——智豬博弈（boxed piga game）

這又是一個經典案例。說到是大豬與小豬等待食料，選擇按電鈕吃食的占優戰略。這是張維迎教授舉的例證。實際上不會存在大豬和小豬等待按電鈕進食的情況。

我在八、九歲時（1948 年）幫人家放豬。那家有一頭老母豬和十多個豬仔，平時白天我把母豬和豬仔趕到田野裏吃青草，晚上趕回來關進豬圈。每天早上餵食，每當我打開豬圈門時，一群小豬仔狂奔而出，爭先恐後地奔向豬槽，都忙著搶食吃。當母豬和大豬隨後而至時，大豬和母豬毫不客氣的用頭或嘴把小豬仔趕跑，它們消停自在地吃食，直到吃飽為止。小豬仔不敢靠近豬食槽，只有大豬們吃飽離

去，小豬仔才回到豬槽邊，吃大豬的殘茶剩飯，個頭大些的豬仔乾脆跳進豬槽裏，用嘴到處舔曹底僅有的一點食。這就是大豬與小豬吃食時的博弈真實情形。豬不可能是理性的動物，它們選擇的是先下手為強的辦法，誰也不會理性的讓其它豬先進食的，強者為王。

案例 3——性別愛好戰（batitile of the sexes）：

男女戀人周末選擇看足球、看電影，夫妻吵架，博弈結果。後文將作進一步分析。這些案例我將在後文裏論述。

案例 4——強拆：讓拆或不讓拆，強拆或不強拆。這個案例前文已作些論述，這裏就不再研究了。

案例 5—市場進入阻撓（entry deterrance）：

名牌與品牌占優戰略；技術工藝占優、材料占優、品質占優、成本占優、服務占優，……形成產品品質占優，樹立名牌和品牌戰略占優！每個子集信息都應是最優的！

消防車市場博弈分析：

「承諾行動」（commitment）：當在位者遭到威脅時，必須採取行動才能保全自己的利益，才能獲得均衡，如鞏固老市場和大用

戶，……。

專利保護行動。實施專利保護：選準時機，啟動法律程序，造勢，形成威懾力！

房地產開發商 A 和 B 欲購買同一塊地，開發具有風險。有以下 8 種情況：

需 求	開 發	不開發
	A 開發	B 不開發
	A 不開發	B 開發
	A 開發	B 也開發
	A 不開發	B 也不開發

A、B 均注意到開發風險分析。如果一方開發，另一方不開發，開發方將承擔 100% 的風險。

完全信息動態博弈：子博弈精鍊納什均衡

市場博弈應是動態信息博弈。因為競爭對手互相不知道對方的信息，多個競爭對手的行動信息不會公開，這就要求參與人制定競爭信息時，剔除不可置信的劣勢信息，確保任何時間節點上的信息應是最優的，並且還需做到隨機應變，這樣才能獲得精鍊納什均衡。

這就要求企業經營者要遵循孔子之教誨：對任何事情都要做到「視其所以，觀其所由，察其所安。人焉廋哉，人焉廋哉！」

不完全信息靜態博弈：貝葉斯納什均衡

市場博弈，進入者不完全瞭解在位者的各種信息，此時在位者的生產成本高、低非常重要。對進入者默許或鬥爭，要分析自己的成本後，決定默許或鬥爭策略。成本直接關係到博弈取勝。

公共地悲劇：亂採、亂砍、亂伐公共資源，如山西的稀土資源、小煤窯等，公眾與政府博弈不斷發生，博弈雙方走不出困境，釀成悲劇。

8 混合戰略納什均衡

市場競爭選擇多戰略即混合戰略，是不同行動之間的隨機選擇。因參與博弈者是多個，所以需審慎選擇混合戰略（多種打法）。

案例：流浪漢與政府博弈——不找工作靠救濟，找工作不靠救濟；政府選擇不救濟，救濟。例如，北京地鐵 10 號線列車裏有賣藝的流浪者，他們大都是老年人、殘疾人，幾乎每次乘車都能遇到他們。列車裏不時提醒旅客抵制賣藝的，可是人們大都有惻隱之心，同情之心，有些人不忍那些流浪者的生活而給錢。我也不止一次的給一塊錢施捨那些衣衫襤褸的乞丐。

政府採取措施，幫助流浪者走出困境。政府制定的政策要一致性，從制定到執行始終如一，不能朝令夕改，否則無權威可言。

光靠政府救濟是不能讓賣藝者最終走出困境的。這些賣藝者實際上是在與政府博弈。

這些賣藝者無法實現「顫抖手精鍊均衡」：他們每個參與人都有可能在與政府博弈中犯錯誤，導致手顫抖，招致博弈發生偏離路徑現

象，致使博弈失敗，得不到政府救濟。也無法實現「老者安之，朋友信之，少者懷之。」

下面研究委託人如何通過交友，選擇代理人問題。

（五）委託人與代理人

1 委託人如何尋找益友（代理人）

這個命題前文已做了論述。這裏再做些研究。目的是強調現代企業老闆如何選聘代理人。按照學者的論述，所謂「委託人」，就是在競爭中「不擁有私人信息的參與人」。（張維迎著《博弈論與信息經濟學》236 頁 格致出版社 上海三聯書店 上海人民出版社 2008 年 7 月。）

這裏講的「不擁有私人信息」，我理解大多是指企業投資人或稱之為老闆的人，往往既不懂得技術和市場經營信息，也不精通經營管理。他們只擁有資金、設備、廠房各種生產資料，對生產技術和市場行情信息不瞭解。所以，要使投資經營獲得效益，就必須尋找一些擁有管理信息、技術信息和市場訊息的人來為他們工作。這就是企業老闆選聘代理人的重要意義。

前文談到魯定公夾谷會齊侯的案例，魯定公對齊侯的預謀信息不完全掌握，只有精明的孔子能夠預測齊侯在會盟中很可能會耍陰謀，並妄圖加害魯定公。所以孔子做了充分的準備，及時揭穿了齊侯的花招，使得魯國大獲全勝。

在夾谷會盟裏，魯定公是委託人，孔子乃是帶理人。

「代理人」：「常常把博弈中擁有私人信息的參與人稱為代理人。」（同上頁。）代理人往往掌握某些信息，例如他們懂技術，有管理才能，會經營，有市場人脈。這就必然出現委託人尋找代理人。歷代封建王朝的皇帝選擇宰相，宰相挑選大臣，實際上也是委託人選擇代理人。

這裏按照信息經濟學的論述，魯定公是「委託人」，孔子是「代理人」。由於魯定公選對了孔子作夾谷會盟的代理人，所以取得了博弈齊侯的勝利。

無論是國家政府或是企業，選擇代理人非常重要。這關乎國家的命運和人民安康。而企業亦是如此，投資人即委託人必須尋找代理人，而且選擇少則幾十多則上百千名員工，內中有公司高層管理人才、中層管理執行人才，基層技術研發設計人才、生產一線工人、市場行銷及服務人才，……。在企業裏，除了少數投資人即委託人，95%以上幾乎都是代理人，即便是公司總經理亦可能是代理人。

企業選擇代理人存在著一定的風險。因為代理人可能努力為委託人賣力，也可能不賣力。學者稱之為「隱藏行動的道德風險。」因為委託人與代理人在簽訂合同協定時，契約條款應是對等的，稱之為完全信息。一旦契約簽訂之後，代理人有選擇自己行動的自由空間。這時，委託人對代理人只能從一些側面瞭解代理人的某些行動，而不能掌握代理人的全部行動信息。這就是學者稱之為「隱藏行動的道德風險。」

前文言及的還有一種可能出現的「隱藏信息的道德風險」。例如，企業老闆——委託人知道代理人——市場銷售業務人員外出投標，老闆不知道招標人的具體信息。這時，委託人——老闆很容易被代理人——銷售人員所蒙蔽。業務員報價給買方可能是高價，但他（她）們對公司委託人卻說顧客要好處費多少錢，迫使委託人做出承諾，否則，他們就可能讓給同行中標，自己陪標從中獲得好處。這種情況學者稱之為「隱藏信息的道德風險」。

齊魯夾谷會盟前，孔子做出預測，如果孔子不將預測做充分的準備，即「文事武備」，結果只會被齊國打敗，魯定公被齊侯俘虜到齊國當人質。從這一歷史案例，足以說明委託人選擇優秀的代理人是多麼重要啊！

企業委託人如何選擇代理人？我們還是從孔子《論語》裏研究並尋找智慧吧。

2 益者三友 損者三友

孔子曰：「益者三友，損者三友。友直，友諒，友多聞，益矣。友便辟，友善柔，友便佞，損矣。」[29]便辟：往往逢人習慣於裝模作樣，內心並不真誠。善柔：善於諂媚，逢迎拍馬。便佞：善於花言巧語。

孔子說：有益的朋友有三種人，有害的朋友也有三種人。要選擇正直的人交朋友，與誠實的人交朋友，與見多識廣、知識淵博的人交朋，這樣會有益處的。如果與虛偽的人、花言巧語的人、吹拍溜須的

---

29 《論語・季氏》，頁 182。

人交朋友，會有害處的。

偉大的孔子用畢生的精力培養弟子三千，其中賢人七十二。孔子和眾多弟子們大概也可以稱之為委託人和代理人之間的關係。師徒之間有矛盾，有博弈，孔子總是區別不同弟子的特點，因材施教，使得本來不聽教誨的弟子，教育成有用之才。

諸葛亮在其有名的出師表中說：要親賢臣，遠小人，……。這裏所言賢臣，應是益者；而小人便是損者。這裏所言「小人」非指人的年齡大小，而是指人的品質和德行。先賢孔子關於交友的精闢分析，實際上是當今企業家們人力資本的教科書，是選擇代理人的重要指南。

一個企業的老闆，選人用人非常之重要。這在當今企業界已經形成共識。老闆（委託人）選擇眾多職業經理人（代理人），不僅要考察其言，更重要的是觀其行。只有選擇「益者」，才能把企業經營做好，做出成功。

日本的稻盛和夫先生在 78 歲高齡出任日本航空公司的總裁，一年使日航扭虧為贏，獲得 1500 億（日元）巨大的經濟效益。這個案例足以說明企業委託人選擇優秀的代理人的極端重要性。

稻盛和夫先生有多年的企業經營管理之經驗，並形成了一套管理哲學，稱之為 6 項精進和 12 條經營哲學理念。下面根據先生的演講錄音整理而成帝文字，供企業家們學習借鑒。

附：稻盛和夫的經營哲學六條精進

（根據錄音記錄整理要點）

（1）要不亞於任何人的努力。拼命工作，竭盡全力。不要偷懶。……

（2）要謙虛，不要驕傲。「滿招損，謙受益。」

（3）要每天反省。「吾日三省吾身。」講究誠與信，……。

（4）活著，就要感謝。

（5）積善行，思利他。真我：利他；自我：利己。

（6）不要有感性的煩惱。「小人閒心不為善。」確立美好的、和諧的、平平淡淡的人生。

稻盛和夫經營哲學 12 條精鍊

（根據錄音記錄整理要點）

（1）明確事業的目的意義。

人生定位要更高層次。賺錢是為了養家糊口，不錯。為員工及其家屬生活的好，也不錯。但要考慮國家社會利益，他人利益。（君子慎於言，敏於行。）

（2）設立具體目標。用數位表示，讓員工都明白具體目標，並為之努力。制定目標以一年為宜，三、五年看不見摸不著。目標制定後，就要付諸實施。

要做好每一天的事情，每個月目標實現了，就可以保證全年目標的完成。

（3）胸懷強烈的願望。思考、分析、判斷、決策。發揮人的潛意識，使其長久。人的顯意識小，潛意識大於顯意識。每

個人都要有強烈的火一樣的熱情，把事情做好。眾志成城去實現目標。

（4）付出不亞於任何人的努力。

（5）抓好市場銷售。推行「阿迷巴」管理，精細分析市場，研究博弈對策。

（6）定價決定經營。定價是公司領導者的事情，也是領導者的責任。採購、定價、製造，考慮如何降低成本，三者必須聯動。

（7）經營取決于堅強的意志。經營者的意志激勵員工的行動。激勵員工，注意「冷水派」的態度。

（「只要決心成功，就永遠不會被失敗擊垮！」）

（8）燃起鬥志。人要有「鬥魂」，要有武士精神，要有責任感。要保護員工利益不受傷害，員工就會為企業拼搏。

（9）拿出勇氣做事。經營者的知識、見識、膽識、勇氣度很重要。

「知者不惑，仁者不憂，勇者不懼。」

（10）不斷從事創造性的工作。今天勝過昨天，明天勝過今天，後天勝過明天。將來一定美好。

（11）以關愛和誠實待人。

（12）保持樂觀向上的情緒。自強不息。與宇宙意識相協調一致。

稻盛和夫先生應是委託人——日本航空公司的益者，他用自己的經營慧為日航創造了無與倫比的經濟效益，亦為世界各國管理人士累

積了豐富管理哲學知識和保規的經驗。長者可敬焉！

然而，在企業委託人選擇代理人，也有選擇了損者，尤其是國家大型企業如中石化原總裁陳同海，本是一位正部級年輕幹部，後因犯有嚴重的經濟問題，入獄被判徒刑。不僅自己葬送了前途，連累親屬無地自容焉。

原鐵道部長劉志軍亦因經濟犯罪和作風問題，被國家監察機關立案調查。這些大員們既是國家政府的代理人，也是部門的委託人。他們非益者，而是損者，而且是影響巨大的損者。

3 察人與識人

企業家交朋友要交益者，不交或少交損者。如何識別益者和損者呢？這就要做到善於識別益者和損者。我們還是從孔子《論語》裏尋找智慧吧。

子曰：「視其所以，觀其所由，察其所安。人焉廋哉？人焉廋哉！」[30]

這是孔子教導識人之術。你想瞭解一個人，可以看他做事情的動機，他為何要做這件事；還要仔細觀察他做事情的方法，看他是怎樣去做這件事的；以及他做這件事情時顯露的心情。簡言之，這是孔子教導弟子們如何研究人的思想動機和行為，觀察他人做事情動機和心理的重要方法。

下面我們再認真習讀孔子察人的教誨。

---

30 《論語‧為政》，頁 14。

子曰：「巧言令色，鮮矣仁。」[31]

子曰：「信近於義，言可復也；恭近於禮，遠恥辱也。因不失其親，亦可宗也。」[32]

哀公問曰：「何為則民服？」孔子對曰：「舉直錯諸枉，則民服；舉枉錯諸直，則民不服。」[33]

子曰：「人而無信，不知其可也。大車無輗，小車無軏，其何以行之哉？」[34]

子曰：「不仁者不可以久處約，不可以長處樂。仁者安仁。知（智）者利仁。」[35]

子曰：「放於利而行，多怨。」[36]

宰予晝寢。子曰：「朽木不可雕也，糞土之牆不可杇也。於予與何誅？」子曰：「始吾於人也，聽其言而信其行。於予與改是。」[37]

習讀以上幾段孔子之言，概括起來主要有以下幾點：

（1）企業家要十分注意巧言令色之徒，切勿被花言巧語所蒙蔽。

（2）要選用言而有信之人，薦舉正直之人。

（3）切勿選用重利忘義之徒。

31　《論語‧學而》，頁 2。

32　《論語‧學而》，頁 7。

33　《論語‧為政》，頁 17。

34　《論語‧為政》，頁 18。

35　《論語‧里仁》，頁 32。

36　《論語‧里仁》，頁 36。

37　《論語‧公冶長》，頁 44。

（4）選人既要聽其言，更要觀其行。

這些教誨應是企業家——委託人選擇眾多代理人的非常重要的至理名言和指導方略吧。

我國古代的莊子對識人也有精闢的論述。下面介紹莊子識人九徵之要：「遠使之而觀其忠，近使之而觀其敬，煩使之而觀其能，卒然問曰而觀其知（智），急與之期而觀其仁，告之以危而觀其節，醉之以酒而觀其則，雜之以處而觀其色。」[38]

莊子從九個方面觀察人的思想行為和道德品質，既是觀其忠、觀其敬、觀其能、觀其知（智）、觀其信、觀其仁、觀其節、觀其則（準則）、觀其色（好色）。這個觀人九徵之法，實乃莊子獨到的識別人的思維哲學，對當今企業家如何識人選人尤其是用人，具有非常重要的啟示作用。

這裏再介紹中國古代有名的政治家、軍事家姜子牙的「六徵」識人法：

（1）問之以言，以觀其詳；
（2）窮之以辭，以觀其變；
（3）明白顯問，以觀其德；
（4）使之以財，以觀其廉；
（5）告之以難，以觀其勇；

38　張其成：《五行識人》（北京市：當代世界出版社，2009年3月），頁170。

（6）醉之以酒，以觀其態。[39]

4 崗位與職責

前文論述孔子「正名」思想，這是孔子儒家治政之非常重要的理論，亦是當今世界各級政府委任官員的理論依據。

企業老闆要開展經營活動，必須招聘各種人才，委以各種職務，且必須明確崗位職責，使各級代理人名正言順地履行職責。

前文講到，有一次孔子弟子子路問孔子：如果衛國君主要你去當官為政，你打算提出什麼條件或要求？

孔子說：必須首先正名呀！就是說的給我一個官職，我才能履行職責呀。

當時子路不明白孔子之意，認為孔子迂腐，做事情何必要這個名分呢？

孔子諄諄告誡子路說：如果沒有官職，就是名不正，說話就不會順當，就很難把事情辦成功；辦不成事情，國家的禮樂制度就很難興旺；刑罰也就不會得當，百姓就無從遵守法律，弄得手足無措，遇到事情不知如何處理；所以，君子一定要有個名分即職位，這樣說話做事情就順理成章了，這就是君子做事情一定要有名分的意義呀！[40]

李澤厚先生在其所著《論語今讀》一書中，領悟孔子關於「名」

39　張其成：《五行識人》，頁 192。

40　程昌明譯注：《論語・子路》（太原市：山西古籍出版社，2001 年 6 月），頁 136。

的思想，他認為「名」「這大概是儒家的語言學，極為重視語言的實用意義和實用價值，……『名』表示的是一種秩序、規範、法則，這也就是『實』。」李先生還指出：「『名』是社會秩序、規範、禮制的具體法則，謹守不失，……。」[41]

程樹德先生在其所著《論語集釋》一書中，分析孔子所言「正名」之說，因當時衛國父子相爭國君之位，父蒯聵出奔他邦六七年之久，子輒做國君，使得國家混亂，無秩序法度。故孔子對子路說如果衛君要他出來為政做事，必先「正名」，即「正百事之名」，「為政必以正名為先也。」「所名之事必可得而明言，所言之事必可得而遵循。」[42]

從以上孔子的論述裏可以領悟「正名」思想理論的重要性。企業老闆──委託人聘用代理人，必須先「正名」，才能充分發揮代理人的積極性。正如墨家代表人物墨子所言：「故古者聖王之為政，列德而上賢。雖在農與工肆之人，有能則舉之，高予之爵，重予之祿，任之以事，斷予之令！」[43]

墨子尚賢，有兩句名言：「尚賢為政之本」，「歸（饋）國寶不若尚賢而進士。」墨子把尚賢放在國之寶的位置，是實現國家大政的根本保證。「賢士不可不舉。」「仁者莫大於愛人，知（智）者莫大於知賢，政者莫大於用賢。有識之君修此三者，則四海之內拱而視

---

41 李澤厚：《論語今讀》（北京市：生活、讀書、知識三聯書店，2008 年 2 月），頁 348-349。

42 程樹德：《論語集釋》（北京市：中華書局，2008 年 2 月），頁 860-861。

43 倪世和：《論語與商道》（南昌市：江西人民出版社，2010 年 6 月），頁 127。

之。[44]

5 契約──正名乎

企業投資人（老闆）即委託人聘請諸多賢者作為企業代理人，為企業謀劃經營者方略。一旦代理人進入公司之後，他們要在各自崗位上履行自己的職責。為確保代理人名正言順地履職，企業投資人（委託人）必須與代理人簽訂契約或稱之為合同，使委託人與代理人都能「齊之以禮，有恥且格。」

契約是一種機制、禮規。上文言及「正名」，實際上就是契約，即任命文書，而且是非常重要的契約文本。國君聘用賢臣，不僅給予職位、俸祿，還要給予一定的權力，墨子稱之為「任之以事，斷予之令」。這裏所言職位、俸祿、任事和權利都須有文字記錄。這種文字記錄就是當今之契約或合同、協議等文書。

契約是委託人和代理人之間的博弈規則，也是委託人給予代理人之「正名」或曰名分。企業委託人設計制定與代理人之間的契約，應充分考慮代理人之個人最大偏好。也就是要能夠使代理人有利可得，而且使代理人所得比他們原先所得要豐厚一些。否則，代理人就有可能不努力工作，委託人無法獲得代理人所擁有的信息。委託人設計這個機制，要體現激勵相容約束，能滿足參與約束各方的機制稱之為實施機制。這是一個十分重要的契約原理。

因此，每個企業老闆都要精心設計制定一個或多個激勵相容方案，每個機制或規則都是一個博弈方案。這個博弈方案既要要能體現

44　倪世和：《論語與商道》，頁 129。

委託人的利益，也能體現代理人的利益，只要委託人和代理人都能獲得自己的效益，就能實現均衡與和諧，企業就會在市場博弈中立於不敗之地。

案例：

（1）某企業委託與代理人訂立的契約（勞務合同）

2007 年，某企業為了聘請代理人擔任總經理，所簽訂的合同缺乏約束條款。這個代理人總經理隨意從他家鄉招聘一些無用之徒，而且開高工資；而對本企業員工隨意處罰，導致內部出現諸多矛盾。在合同未到期的情況下，這位總經理於 2009 年 4 月帶走了 20 多人投奔他地，並且帶走了技術圖紙，致使企業受到一定影響。

也是這個企業，在 2010 年又聘請了一位總經理。這位總經理由於未能處理好人際關係，甚至於辱　員工，造成矛盾，已無法繼續工作下去了。但企業與他簽訂合同有一條款規定：提前解聘要多支付他一年的工資，沒有明確由於誰的責任而解聘。據說這個企業多支付 30 萬元給這位代理人。

（2）企業與工人訂立的契約（勞動合同）

企業工人應是弱勢群體。企業與工人簽訂的合同，基本上都是由企業工會組織代表工人簽訂的勞務合同，大部分工人並不瞭解合同的內容。這樣的合同很難維護員工的正當權益。

所以，企業老闆對員工（代理人）要充分體現仁德，遵從孔子儒家之教誨：「為政以德，譬如北辰居其所而眾星共（拱）之。[45]老闆即委託人若是「君」，員工（代理人）則是「臣」。「君對臣以敬，臣對君以忠。」這就是企業內部對人際關係，老闆與員工之間有博弈，只要老闆對員工好，員工機會對老闆忠誠！企業經營要靠廣大員工的辛勤勞動，用智慧和汗水為企業創造財富。員工是健康的國民經濟發動機，是企業競爭贏的基石！所以，企業老闆必須要尊重每一位員工，讓員工有充分地表達權、話語權，訴求權。並用契約確保員工的各項權利和應得利益，這樣才能實現企業各方利益之均衡，減少或避免衝突。

契約即委託人（老闆）和代理人（員工）之間的博弈規則、禮制，任何一個企業不論是國有大型企業或是中小民營企業，都會制定相關的規章制度，以保證投資人和員工們利益最大化。這裏，企業主往往只考慮企業投資人的利益，而忽略廣大員工的利益。儘管國家政府政策再三強調以人為本，關注百姓民生，但到基層往往會走樣的。目前，無論是國有企業，或是民（私）營企業，分配不公是最突出的問題。尤其是國有企業高管領導，薪酬要比一線工人高出數十倍甚至於上百倍。幾年前，太平洋保險公司的老總年薪高達 6500 多萬元，真是個天文數字呀！

業主與員工博弈——增加工資

45　《論語·為政》，頁 10。

企業主	工會（員工）	企業效益
不增加	增加	＋5%
增加	增加0.5%	＋10%

從業主與工會（代表員工）為增加工資博弈來分析，假若業主不給員工增加工資，肯定影響員工的積極性，業主無法瞭解所有員工的信息，企業效益只增長 5%；而同意給員工增加工資，而且只增加 0.5%，企業效益卻增長 10%。這樣看來，增加工資比不增加工資，企業效益增長了 9.5%，對工人有利，對業主更有利。因員工工資增加 0.5%，企業直接成本只增加 0.5%，企業綜合效益增長到 9.5%。所以，業主給員工增加工資，帶來的是企業效益大幅上陞。這種合作博弈，學者稱之為納什均衡。這就是企業要建立以人為本的合作關係。

6 建立以人為本的委託與代理關係

博弈論學者強調委託人要認真研究代理人的最大偏好，就是要充分理解代理人的各種需求，真正做到以人為本。去年 11 月上旬召開的中共黨的十八大報告文件強調：以人為本是科學發展觀的基本立場。這一理論的提出，充分說明人本思想是何等之重要啊！這也是企業委託人處理與代理人關係的基本立場。

以人為本作為科學發展觀的基本立場，實質上就是孔子儒家仁愛思想的繼承和發展。早在 2500 多年前，偉大的孔子在教導弟子門人過程中，多次強調仁愛思想。在《論語》20 篇 512 章裏，言及仁字就有 105 處之多。仁愛（loves）思想是儒家最高的道德標準，這一思

想貫穿儒家文化的古今。西方學者稱之為博愛，實質上就是尊重人權。

請看 2500 多年前孔子之論述：

子曰：「弟子入則孝，出則弟，謹而信，泛愛眾而親仁。行有餘力，則以學文。[46]

仲弓問仁。子曰：「出門如見大賓，使民如承大祭。己所不欲，勿使於人。在邦無怨，在家無怨。」

仲弓曰：「雍雖不敏，請事斯語矣。」[47]

前些年有個電視劇叫《喬家大院》，業主喬致雍聘請一個跑街叫賣的馬旬擔任大掌櫃——總經理。在受聘儀式上，喬致庸給馬尋下跪，說是他爺爺的祖訓。這個故事情節說明，喬致庸作為業主委託人聘用馬尋做代理人，擔任大掌櫃（總經理）一職，體現儒家仁的思想。這就是孔子所言：使民如承大祭。換來的是馬旬為委託人喬致雍的企業創造了巨大的財富，這個故事也體現了喬致雍不拘一格選人才。

樊遲問仁。子曰：「愛人。」問知。子曰：「知人。」知：智。

有一次，子路請教什麼是君子。子曰：：「修己以敬。……修己以安人。……修己以安百姓。修己以定百姓，堯、舜其猶病諸！」[48] 病：擔心。

---

46 《論語·學而》，頁 4。
47 《論語·顏淵》，頁 125、126。
48 《論語·憲問》，頁 149。

這裏孔子強調作為君子，要修煉自己，不僅要敬仰百姓，更要安定百姓，給百姓帶來好處。老百姓最講實惠，光說不做，就會失去民心。如果企業老闆是位君子，就要遵循孔子之教誨，處理好與員工的關係，敬仰員工，關心員工，安定員工，給員工帶來實實在在的利益。只有老老闆這樣坐了，才能激勵企業所有員工位企業老闆努力工作，做合格優秀的代理人。

孔子逝世後的 100 多年，戰國末期，誕生了孟子。孟子傳承孔子儒家的民本思想，提出「民為貴，社稷次之，君為輕」的重要論述。孔孟先哲的民本思想為當代企業投資人合理聘用眾多代理人，指明了方向。

近代中國民主革命的偉大先驅——孫中山先生提出的三民主義，其中就有民生主義，實現耕者有其田，解決百姓的衣食住行問題。

西方諸多哲人在不同的國度，不同歷史時期，都提出過民本思想，這裏就不做具體介紹了。

本章小結：本章有 5 小節。主要論述企業委託人與代理人之關係。企業家們要遵從孔子儒家之教誨，認真選擇能為企業努力工作的代理人。企業老闆選擇代理人要做到「益者三友，損者三友。」要給代理人「正名」，即明確職務、職權、崗位、薪酬；要制定激勵兼容機制，充分體現民本思想。要捨得企業給眾多代理人以實惠，讓代理人衷心耿耿地為企業盡力，為老闆敬忠，這就是當代眾多企業家用人之理念，受益之所在！

下面論述古代商聖競爭博弈之典範。

（六）中國古代商聖博弈

1 子貢——我國古代商聖奇才

孔子曰：「回也其庶乎，屢空。賜不受命，而貨殖焉，億則屢中。」[49]

孔子在這裏用顏回和子貢作比較，顏回庶嗎，富有嗎？非也，簞食瓢飲，屢空。而賜（子貢）不受官府之命，經營齊國沿海鹽和魚蝦等貨物，與時轉貨貲，賺取利潤，億則屢中，受到孔子的稱讚！

子貢，姓端木，名賜，字子貢，（前 520-446），春秋末期衛國人。子貢善於經商，他不受官府之命，奔波於曹、魯之間。賣貴貴，億則屢中，府庫充盈。他提出博施於民而濟眾的政治主張，按照今天的話就是做慈善事業。孔子老年的生活費用幾乎都是子貢負擔的。

子貢經商之智慧（wisdom）：

春秋末期，商古皆有官府主管。凡民七尺以上屬諸三官，農攻粟，工攻器，賈攻貨。……質劑掌於官，度量純制掌於官，貨賄之璽掌於官。官府權利至上。

子貢不受官府之命，不受不義之祿，不要政府批文，可能也無法拿到官府批文，即使政府不准私人經營，子貢卻與之博弈，善猜度，辛勤地奔波於曹、魯諸侯國之間，「賣貴貴」，獲得效益，賺取利

49　《論語・先進》，頁117。

潤。

子貢與時轉貨賫，就是善於抓住經營商機，在異地及時轉運貨物，這大概相當於當今的物流，這在 2500 多年前幾乎是不可思議的。

賜不受命，唯財貨是殖，億度是非。……殖：積也。增殖。億：度也，推測，預測。子貢善於猜度，分析市場之需求，把握商機，故屢中。按現代經營理論稱之為經營戰略環境分析，分析與姥姥把握機會非常重要。商機不可失，失去不再來。做到知己知彼，競爭才能獲得利益。

2 陶朱公——范蠡經商之道

春秋晚期，五霸相爭。越國的范蠡是越王句踐的謀臣，當句踐被吳國王俘虜到吳國之後，范蠡為其謀劃復仇之大計。句踐在吳國當吳王馬牛，忍辱負重，臥薪嚐膽。經過三年的積極準備，越國把吳國滅掉。

越王句踐滅掉吳國之後，逐漸暴露出誅殺大臣的陰謀。范蠡及時識破了句踐的詭計，非常明智地離開越國，帶著家人乘扁舟逃到山東的齊國沿海，隱姓埋名，把自己改為鴟夷子皮，據傳說是思念西施而為。西施原本是一農家村姑，因長得美貌被范蠡發現隨招進越王內宮，成為越王的妃子。當時，范蠡年已五十有餘，正直壯年，對西施產生愛慕之情，也是情理之中的事情。傳說吳國被滅之時，吳王夫差派人把西施裝進一個皮囊裏，投進太湖淹死。

據說，范蠡攜家人乘扁舟曾到太湖水面去尋找西施，不得而離去，直往山東而行。到了齊國沿海，帶領兒女種植桑養蠶，開墾土地，發展生產，很快富裕起來。

范蠡帶領家人勤勞致富，後遭當地人嫉妒，又遷居到陶（現在魯西南菏澤地區的定陶），又改名為陶朱公。據司馬遷《史記》記載：「朱公以陶為天下，諸侯四通，貨物所交易也，乃置產積居，與謂居貨才以生殖也，……億，度也。……貨殖傳云：子貢即學於仲尼（孔子），退而仕衛。發貯鬻財曹魯之間，七十子之徒最為繞。而顏淵簞食瓢飲，在於陋巷。……。」[50]

范蠡在陶經營有方，獲得財利，很是富裕。但他廣施於民而濟眾，深得百姓愛戴！因而范蠡和子貢都為後人所景仰和遵崇，被後人譽為中國古代之「商聖」。

子貢經商「不受官府之命」，就是與官府博弈。由於他善猜度，謀劃贏利，「億則屢中」。范蠡由於意識到將要受到越王句踐的加害，從速離開越國，逃到山東，經營桑植而致富。

子貢、范蠡經商，都曾與古代政府博弈。古代如此，現代企業每走一步，都與政府息息相關，無時無刻離不開政府的支持，不時的與政府相關部門交流博弈，實現合作供贏。

中國古代有商業博弈贏這之奇才，近代及現代中國也有商聖。如近代的四大商邦——晉商、徽商、浙商、粵商，各商邦都有代表人

50　程樹德：《論語集釋》，頁780。

物。我們安徽的胡雪巖被譽為「紅頂商人」，他經營有方，博弈有道，尤其與清政府官員博弈方略，值得當代商家學習。

電視劇《喬家大院》的主人公人物喬致雍先生，是晉商的代表人物，他經營商號，堅持「禮制」，以人為本，關注員工切身利益，被後人傳為美談。

李嘉誠先生應是成功粵商的代表人物之一。他祖居廣東潮汕，自幼生活艱苦，青年創業，孜孜以求，堅韌不拔。從學徒開始，不斷累積知識及經營之道，終於創造出世界有名的長江實業集團公司，身家顯赫，為世界華人爭光。

有不少粵商後代僑居海外，如曾任泰國總理的他信先生就是粵商潮汕人氏，成為泰國電信大王。

浙商以寧波、湖州為代表，他們靠大海大湖而居，智者樂水。他們勤勞，智慧，勇於開拓。中國近代的榮氏家族，應屬於浙商，是近代中國民族資本的先驅者。

現代中國也湧現不少商業奇才。如世界上最大的中文網站——百度創始人李顏宏先生，就是一位當代的子貢。他的創業才能的驚人之舉，確實令新生代們感佩！受到國人的尊崇！還被選為國家工商聯副主席（副部級）

3 企業與政府博弈

企業與政府關係非常之密切。企業依靠政府提供土地，新建廠房。還要辦理各種經營許可證，使企業獲得合法經營之權利。同時政

府制定一些優惠政策，激勵企業努力經營，為政府培植財源。

企業應依法向政府納稅，是企業應盡之義務。納稅人為國家政府提供財政收入，使得國家機器有充足的財源資金保障。如若企業不依法納稅，國家財政就無法維持國家機器的正常運轉，國防安全就會受到威脅，國家主權就有可能收到侵略，國人就有可能遭受塗炭。

國家政府如何處理好與企業的關係？這就要求政府各級官員遵從孔子之教誨：「為政以德，譬如北辰居其所而眾星共之。」[51]共：拱。

有位明智的學者型官員說：企業是政府官員的衣食父母！這個說法通俗易懂，也富有哲理。企業老闆依法納稅是應盡之義務，國家政府為企業提供各種服務和優惠政策吸納就業，穩定社會秩序；激勵企業努力創新、創收，為廣大員工謀利益，增強社會之穩定，利於國家經濟建設。

企業是納稅人，為政府提供財政支持。但企業和政府之間的博弈時有發生。

企業對某些地方政府官員貪污受賄，揮霍納稅人的血汗錢，反應強烈，甚至於失去對政府的信任。因此，在納稅過程中，採取偷稅、漏稅之做法。而政府為增加財政收入，對不依法納稅者進行嚴厲檢查，發現偷逃稅款之企業進行無情地處罰。企業和政府雙方進行博弈，結果可能企業損失更大，企業永遠是弱勢群體，尤其是民營工商

---

51 《論語・為政》，頁 10。

企業，雖然國家法律支持，但遇到風險卻無人相幫。

所以，企業老闆要自覺遵從孔子之教誨，處理好與政府的利益關係。與政府博弈，一定要注意方略，違規之事不能做，損害公眾利益的事不能做。否則，要吞下苦果的。政府肯定要找企業麻煩的，嚴重者企業老闆要進監獄的。

所以，請牢記先哲孔子之教誨，子曰：「放於利而行，多怨。」[52]

子曰：「君子喻於義，小人喻於利。」[53]

子夏為莒副宰，問政。子曰：「無欲速，無見小利。欲速則不達；見小利，則大事不成。」[54]

以上孔子之教，字字精金美玉，應是企業家處理和政府關係的準則。企業家不能重利輕義，見利忘義，欲速則不達。不能和政府斤斤計較，因為政府是非常強勢的，老百姓與政府博弈很難獲得勝利的。你若貪圖小利，不僅不會辦成大事的，還會產生多怨，到頭來自己要付出沉重代價的。原國美總裁黃光裕為己私利，不擇手段，拉攏國家機關官員，通過行賄，逃避政府監管，雖然一時能獲得巨大利益，最終入獄坐牢，令父母傷心，妻子受株連，幼小的女兒寄養他人家裏，終日啼哭不已。貪小利者之悲哉焉！

這樣的案例不僅企業界存在，在當今我國政府大小官員層面，為

52　《論語・里仁》，頁 36。
53　《論語・里仁》，頁 37。
54　《論語・子路》，頁 143。

數不少。據 2012 年底媒體披露：全國約有 66 萬名大小官員因受賄，受到黨紀國法的處罰。其中不乏有省部級高官上百名，就連原政治局委員兼重慶市委書記的薄希來，也犯有嚴重的經濟問題，最終受到黨紀國法之處罰焉！原鐵道部長劉志軍貪污受賄，被北京市第二終極人法院判處死緩。

所以，企業和政博弈，能否獲得均衡，除了政府制度法律約束，更為重要的是靠企業家們自己自覺依法經營，自覺遵從孔子先哲之教誨，正確處理企業和政府的利益分配關係。

此外，企業還要與企業之間進行慘烈的博弈。

4 企業與企業博弈

企業要生產某些產品，勢必要尋求好的供應商作為合作夥伴。供應商也是企業，也需獲得利益。所以這種博弈實質上是企業與企業之間的博弈。博弈的主要內容主要有以下幾點：

首先，是供應商提供商品即各種零配件的品質；

其次，是價格；

第三，是服務。

以上三個方面構成企業買方與供應商賣方的博弈。

買方　　　　賣方
品質好　　　品質差
價格便宜　　價格高

服務及時　　　服務拖延

　　這裏，買賣雙方都有一個非常重要的經營理念和價值觀問題。他們都是企業經營者，各自有不同的需求，如何通過博弈，求得均衡，使買賣雙方都得到自己的利益，實現共贏，這應是個基本原則。如若有一方「放於利而行」，雙方博弈就一定不會有好的結果，無法實現均衡。

　　企業選擇合格的供應商非常之重要。與供應商的博弈，一定要遵循合作才能共贏的原則。不能只顧己方利益不顧他方利益，利己也需利他，這樣才能買賣上方合作共贏，實現和諧均衡發展。

　　企業與企業博弈，還存在同行企業之間的博弈。這種博弈在全國到處隨時可見。主要是政府採購招標，有的企業先進入，並且與某地政府合作多年，而另外同行的企業也想進入這個地區參加政府招標競爭。

競爭示意圖
想進入者　　　已進入在位者
積極想進入　　竭力阻止進入
不擇手段　　　或默認或對抗

競爭博弈可能有如下結果：

　　首先，由於市場已被在位者經營多年，即便採取默認，後進入者短時間內也無法獲得買方認可。

其次，由於進入者通過各種關係，找到關鍵領導給採購者下達指令，迫使直接採購者改變態度，否定經營多年的在位者。

第三，由於在位者採取強有力地反制措施，例如專利保護，堅決阻止進入者，迫使進入者放棄進入欲望。這個市場仍然由在位者繼續經營。

這種企業與企業之間的博弈，時有發生，而且競爭博弈越來越激烈。在這種殘酷的市場競爭形勢下。企業老闆們該如何實現贏？積極謀劃企業品牌戰略是非常重要的法寶啊！

本章小結：本章主要論是中國古代兩位商聖──子貢和范蠡，他們都善於把握市場商機，積極猜度，億則旅中。

現代企業也同樣處於博弈之中，不僅要與政府博弈，企業與企業之間更存在著博弈。市場競爭是無情的，要想博弈取勝，就要靠企業創造優質品牌。

關於博弈合作與誠信，留待後文再作研究論述。

（七）企業品牌戰略與博弈

1 品牌
是一種觀念，是人們獨特的思維方式產生的價值，是企業博弈制勝的法寶和利器。

孔子曰：「質勝文則野，文勝質則史。文質彬彬，然後君

子。」[55]

質：是指事物內在之本質，價值；文指事物表面之華麗，好看，給人光彩奪目的感覺。

企業是做產品的經濟實體。做產品要努力確保品質，這就是質。產品質的內涵是指其價值和使用價值，這是企業參與市場競爭贏的首要條件。

產品只注重內在品質，不注意外觀品質，就顯得粗糙，粗野、鄙陋，沒有競爭力，無法吸引顧客。

所以，企業家們要精心領悟孔子之教誨，精細研究如何實施品牌戰略，增強企業博弈贏的能力。

2 品牌戰略

企業的主要功能是創造顧客。顧客是企業的衣食父母，是企業財富的源泉。創造顧客就要有優質的商品和良好的服務，吸引消費者。而企業品牌是企業之形象，是市場之口碑，是公司財富累積之核心競爭力，是實現企業贏的大航母。

品質決定品牌，優質品牌是企業競爭贏的十分重要的保證，也是一個國家提升國際競爭力的重要前提。在國際市場博弈過程中，只有品牌公司的商品才能立住腳。世界上 500 強企業，幾乎都是品牌企業，它們的產品具有非常強的競爭力，受到世界諸多國家顧客的青睞。

---

55 《論語·雍也》，頁 60。

我國上海有個恒源祥羊毛衫企業，這個企業領導者非常重視品牌戰略。他們通過精心策劃，在上游發展了 100 多家企業加盟；在下游拓展了 9000 多家經營網點，形成了以恒源祥品牌為龍頭的經營聯合體，年銷售達 50 多億元人民幣。上海的恒源祥就是中國的民族品牌！

品質決定品牌。這裏講的品質首先企業人的品質、員工的品質。因為只有優秀的員工，才能創造出優秀的企業品牌！整個企業文質彬彬，各項工作井井有序，從而樹立良好的形象，受到顧客的稱讚。

3 切磋琢磨

企業品牌的形成要經過長期的錘鍊。要如切如磋，如琢如磨。企業領導者們要付出巨大的努力，帶領員工用智慧創造企業品牌。

當今，經濟全球化趨勢已經形成。企業靠優質品牌，積極參與競爭，正如孔子所言：「工欲善其事，必先利其器。」企業品牌是長期切磋琢磨而形成的。好像工匠要把事情做好，必先利其器，練好基本功。

企業優質產品的實現，從技術設計到工藝路線定位，採購材料及備件選擇，都要非常嚴謹。生產過程工藝品質零缺陷，直到出廠前的檢驗試驗，都必須嚴格執行產品標準。每個環節都要做到一絲不苟，一點馬虎不得！

我們企業是一家改裝消防車的民營企業。市場競爭非常激烈。為了贏得競爭，我在公司曾經提出產消防車是人類生命和財富的保護

神，這就是給企業經營理念定位，給公司產品價值觀定位。我對保護神產品價值觀的要求是：設計精美，製造精細，方便快捷，外觀靚麗。

這短短四句話十六個字，它的內容卻非常豐富，含義也很深刻。它既體現了公司的經營理念，也涵蓋了產品製造實現流程如何控制，才能保證產品文和質，內在和外觀相統一的優質屬性。

優質產品是企業品牌之核心組成部分。因為顧客花錢買商品，主要是購買商品的使用價值，而商品的價值是商品的靈魂，通過商品使用價值體現商品的價值。所以，一般的說，顧客購買商品就包含了這個商品的價值和使用價值。商品的價值是企業各種資源力量及高端人才智慧的結晶。既有文的體現，也有質的內涵，文和質有機結合，商品展現在顧客面前，才能顯得得文質彬彬，受人青睞。這是企業文化的力量，員工心血和智慧凝聚在企業產品裏的成果。

品牌不僅是指企業的優質產品，還包含企業良好的服務。世界級優秀企業都非常重視服務工作，因為服務體現一個企業的經營理念。服務品質優劣，說明這個企業的經營者對顧客的態度。所以，企業創造品牌，一定要把服務列入企業經營管理工作十分重要的內容。即使你公司賣出的商品品質出現一點瑕疵，只要服務能及時到位，也能得到用戶的諒解，顧客就會義務地宣傳你公司產品和服務品質，擴大你企業的影響。

我們企業是生產消防車的一家私營公司，早在 2004 年，雲南省楚雄市公安消防支隊購買了我們公司 8 輛消防車，其中一輛東風 153

水罐車開到昆明市西邊離楚雄只有 100 公里的地方，後泵房儀表板由於羅絲鬆動，造成儀表板下垂。送車人員當即告之於我，我立即通知車間備好羅絲和維修工具，開車迅速趕到南京機場，乘飛機到昆明，再迅速坐大巴車到達楚雄市，服務師傅快速把兩個螺絲換上，及時開到消防支隊大院請支隊參謀長等人驗收。

本來這個支隊政委聽說明光廠的消防車沒開到地點就壞了，非常惱火。由於我及時帶師傅只為送兩顆螺絲乘飛機趕到，沒影響按時驗收，這可能感動了政委。下午驗收合格後，晚上我本計劃請支隊政委等人吃飯喝酒的，沒想到政委出面請我們一行 10 人吃飯喝酒，還去歌廳娛樂。這個真實的案例，說明企業服務工作是多麼的重要啊！

這位政委不久調到玉溪消防支隊當支隊長，與我們公司繼續保持業務關係長達 3 年之久，先後共從我們企業購買了各種消防車 30 多輛。所以，良好的服務也是企業贏的重要品牌，它能吸引住顧客，讓顧客回頭。

我在幾年前去四川省宣漢縣的普光氣田走訪用戶。中午，氣田的消防支隊領導請我們吃飯，並喝酒；同桌用餐的還有德國一名服務工程師。我們在喝酒，這位異域之賓獨自喝點啤酒，吃完飯就到服務場所去了。而且連工作服都沒有換，皮鞋都是泥巴，看上去像名老農民朋友。這個真實的故事，反映國人與發達國家企業相比，人的素質還有一定的差異。

人的素質反映在產品材料上，也有問題。經常發現有的企業為了低成本競爭，盡然用國產貼牌備件冒充進口配件，欺騙顧客，這是典

型的利己損他行為。違背孔子之做人要誠信之教誨，「君子寓於義，小人寓於利。」這樣的企業必將失去顧客，終將搬起石頭砸自己的腳！

本章小結：本章主要研究企業如何創造品牌。只有優質產品和良好地服務，才能吸引顧客，黏住顧客，讓顧客回頭。這是企業競爭贏的利器，為企業贏利奠定堅實的基礎。

（八）贏利是企業最終目的

1 孔子儒家財富觀

孔子儒家不是苦行僧，對人類獲取財富一貫持積極態度。孔子強調：「富與貴是人之所欲，不以其道得之不處也；貧與濺人之所惡，不以其道得之，不去也。」。這裏一個「處」字和一個「去」字，應是關鍵。「處」即要得，可以享用。但必須「以其道」而得之；「去」即去掉，要不得。人們都希望富貴，不希望貧賤。這就充分說明，中國儒家不反對人們發財致富，而且積極提倡人們樹立正確的財富觀。

世界上任何一個企業家對財富都極為偏好，非常想發財。中國企業家朋友大家見面時，拱手致意，隨口而出：恭喜發財！這說明人們對財富的渴望啊！

企業家們只有競爭「贏」，才能富。贏是世界上所有企業家們共同的理想和願景。無論是國有大企業或中小家族私營企業，投資者的目的都希望獲得贏利，賺取利潤甚至於獲得超額利潤，這是勿容置疑

的常理。

本文主旨就是研究投資人在激烈的市場競爭過程中，如何實現贏，進而擁抱贏！它能幫助企業家們理解贏的基本原理，掌握實現贏的一些方法，既能給企業利益相關者帶來收益，企業自身也能獲得利潤或超額的效益和高額的利潤率。

本書所研究的企業案例都具有客觀性，基本是以我親自創辦的家族消防企業為研究對象，同時也搜集一些世界相關知名企業贏的經典案例，加以解讀，啟示當下的企業經營者們精心研究公司經營發展戰略，增強贏的核心競爭力。

2 什麼是贏？

中國漢字贏是上下結構，上是亡，中間是口，下邊有三個字組成：左是月，中間是貝，即財富，右邊是凡，凡人即普通人。大概是指古代凡人有飢餓感和危機感。在有月亮的夜晚，普通凡人為了獲得一種肉多的野獸，並用貝（貨幣）交換。獲得貝多的人即成為贏家。贏也兼表多肉的野獸。英語 Winning 即打敗、獲利，做生意能賺錢，增加利潤；後來引申為競賽博弈獲勝，叫做贏。

商業競爭獲得勝利一方，即是贏。前面多次說過，贏是企業投資人創辦企業的根本宗旨和目的。

如何實現贏？理論文獻很多，最有指導意義的文獻應是美國 GE 原 CEO 傑克・韋爾奇先生著的《贏》一書。後文將有論述。

正確的投資發展戰略，是實現贏的重要前提。

企業戰略管理的過程，就是有呼吸的人所做的遊戲，也就是博弈。諸多管理大師們的著作裏都有精彩的論述。尤其是企業要實現贏，就必須要具有領導力和核心競爭力。

增強企業的領導力和核心競爭力，是實現贏的基本保證。

這是我論文的研究重點，後文也將有論述。

研究企業競爭贏，要立足於全球競爭大背景。

3 贏是企業投資者的目的

「盈利的企業及其員工才是健康的國民經濟發動機。他們為政府創造了稅收，從而構築了自由和民主的社會的基石。」[56]

世界上人人都希望獲得財富。早在 2500 多年前，中國的儒家學說創始人孔子曾經說過：「富與貴，是人之所欲。……貧與賤，是人之所惡。」孔子積極宣導富裕，就是要贏，只有贏，才能富！

企業是諸多利益共同體。不僅是投資人想贏，產品供應商、政府、社會慈善等方面都希望企業競爭能贏。尤其是企業內部員工，他們靠出賣自己的勞動力獲得一份工資薪酬，用它來養家糊口，除了維持生存需要，還要供養子女讀書。

——企業搖錢樹示意圖——多贏：政府、顧客、社會、供應鏈、企業。

圖片創意設記者：明光市浩森公司工藝美術師童彤小姐

---

56 傑克・韋爾奇：《贏》。

贏是眾望所歸的偉大行動。企業投資人從他謀劃創辦公司，做什麼能賺錢發財致富那一刻起，就開始了實現贏的第一步——選擇發展戰略目標。

4 企業發展戰略

戰略是遊戲。

傑克·韋爾奇先生說過：「戰略不過是鮮活的、有呼吸的、完全動態的遊戲而已。它是有趣的、迅速的，是有生命力的。……在真實的生活中，戰略其實是非常直截了當的。你選準一個努力方向，然後不顧一切地實現它罷了。」[57]

傑克·韋爾奇先生運用擬人的藝術語言，生動而又幽默的表述了戰略的內涵：

a 戰略不是死板的，它好像鮮活的人一樣，是有呼吸的，處在不停的運動之中

b 戰略是有趣的遊戲。遊戲就是博弈，參加遊戲博弈的選手要迅速，要有贏的勇氣，要千方百計的瞭解競爭對手的信息。

c 你選準一個贏的方向，就要不顧一切地去實現它。這就是企業家要有強烈的使命感和拼搏精神！

美國德克薩斯大學邁克爾教授等人在《戰略管理·競爭與全球化》一書中指出：「一個戰略就是用來開發核心競爭力，獲取競爭優勢的一系列綜合的、協調的約定行動。……戰略選擇表明了這家公司

---

57 傑克·韋爾奇：《贏》，頁151。

打算做什麼以及不做什麼。」[58]這就是企業戰略的本質，充分體現差異化。

5 戰略差異化

「一個公司的戰略在於顯示出它與競爭對手的差異。」[59]當一家公司選擇的戰略產品與競爭對手不同，而且無法模仿或複製，它就贏得了競爭的優勢。

只要公司實行差異化、異質化、反大眾化的戰略，就有獲得利潤或超額利潤惠及民眾的可能。

差異化是指產品技術含量、性能、價值等與競爭對手不同，產品實現各個環節都能體現，也稱之為占優戰略。

除了產品與眾不同，還需要制定服務與眾不同的戰略。既是你公司產品有點缺陷瑕疵，只要服務及時、守信，就能獲得顧客的理解和諒解。

產品和服務品質就是讓顧客回頭，讓客戶離不開你！你的公司就是一塊巨大的吸鐵磁石和強力膠，就能牢牢的吸引、黏住顧客。

案例：早在 1985 年 10 月，我在一所高級職業中學任校長期間，為了創辦學生實習基地，我與學校相關領導經過多方調研，決定創辦一個汽車、消防車修理廠。開始，既無技術也無資金。經過多方努力，籌措了 15000 元人民幣，建四間簡易廠房，購置了一套修理工

58　邁克爾等：《戰略管理·競爭全球化》，頁 4。
59　邁克爾等：《戰略管理·競爭與全球化》，頁 4、5。

具。從上海聘請了 8 名師傅，招收了 10 名徒工，經過培訓，於 1986 年 3 月正式開業。

當時之所以選擇開辦汽車尤其是消防車修理廠，因中國 30 多個省的消防車都要送到上海去維修，是有單位維修成本高。所以，我們選擇在長江以北地區創辦消防車維修工廠，這是選擇做什麼能贏的戰略。

當年我負責創辦的維修廠，經過 20 多年艱苦拼搏，有了長足的發展。2003 年，企業改制我買斷了所有權。目前，固定資產近 2 億元，從當年只能維修汽車、消防車，到研發生產 80 多個品種應急救援裝備；年銷售額達 4 億多元人民幣。

所以，企業確立贏的戰略後，創業者就要不顧一切的去實現它。這就要求企業家們要具有戰略眼光，要具有實現贏的目標的謀略和膽識，要具有核心競爭力。

本章小結：本章主要論述贏的理論，研究企業如何贏。制定贏的發展戰略，是公司贏的前提；發展戰略必須體現差異化、反大眾化，公司產品與服務與眾不同；而領導力是實現企業贏的根本保證。

（九）競爭力是企業贏的根本保證。

1 領導力是贏的核心

企業領導應是一個群體。高層領導大概是指董事長、總經理團隊成員，還有中層部門經理和基層車間主任、班組長。高層領導主要精

力是出主意和用幹部這兩項十分重要的工作。出主意就是制定贏的戰略；用幹部就是選擇合適的代理人。這應是企業投資人和領導者主要工作職責。

為了競爭贏，每個企業都還要制定各種制度，規定各級領導的崗位職責，對他們的領導行為作出規範明確要求，並要接受組織和員工的監督。

然而，企業老闆之中也有不佳之徒。韋爾奇先生曾經十分嚴肅地剖析了糟糕的老闆種種不良表現：「有的缺乏能力，有的笑裏藏刀，有的欺凌弱小，有的喜怒無常，有的吝嗇小氣，有的言而無信，有的任人唯親。」[60]

除此之外，根據我的調查研究，目前企業領導者大體有三種類型：

一是埋頭苦幹型，事必躬親；二是好大喜功型，處處張揚；三是思考決斷型，善於即時瞭解各種信息，把握商機，積極動員大家去實現贏。懂得組織歡慶，而且實施群體決策。這三種類型的企業高層領導者，第一種人精神可嘉，但缺乏科學管理藝術；第二種人是張揚型，工作往往不腳踏實地，浮躁華而不實；第三種人是值得讚揚的，善於謀略。企業家主要是用腦用智慧管理企業，事必躬親是基層車間主任的職責。

企業家們一定要把個人理性與企業團理性緊密結合起來，形成群

60　傑克·韋爾奇：《贏》，頁 271。

體決策，規避經營風險。

2 個人理性與群體決策

英國有位小說家丹尼爾‧狄福，他寫了一部世人耳熟能詳的小說《魯賓孫漂流記》。講的是魯賓孫不幸漂流在一個孤島上，獨自生活了二十多年。在極為惡劣的環境下，憑著他一個人的努力克服了許多困難，解決生存所需的資源。

當下，人類社會已進入到 21 世紀，科學技術信息瞬息萬變。經濟全球化正在加速，商品無國界的趨勢已經形成。各國優勢互補，互通有無。在這樣的全球化時代，企業領導者僅憑個人智慧想獲得競爭贏，概率非常小。有作為的企業家都非常重視選聘優秀代理人，組成團隊，實行群體決策，率眾人行。

附——企業高層領導者「五力」圖表
細心觀察力，
用腦思考力，
認真分析力，
精準判斷力，
快速決策力。

「五力」研究是人的大腦活動認識事物的過程。孔子曰：「君子有九思：視思明，聽思聰，色思溫，貌思恭，言思忠，事思敬，疑思問，憤思難，見得思義。」[61]

61　《論語‧季氏》，頁 184。

孔子「九思」之論述，實際上就是他老人家對認識論的研究和精闢論述。因為人從接觸事物開始，都是從看到這個事物開始的，看即觀，參觀需用眼睛看，盲人是無法參觀的，只能聽講。觀察比看更進一步。察即看，察言觀色，聽其言觀其色，觀其容，觀察人的面部表情。

孔子「九思「強調一個「思」字，思在古文裏作「恖」，其義乃睿也。它從心從囟。囟即動物的頭腦蓋，又稱天靈蓋，此專指人類的頭腦蓋。「內經云：腦為髓之海，其輪上在其蓋。由是言之，思者，主於心兒通於腦焉。」[62]。可見，「思」在人類認識事物過程所起的作用是多麼重要啊！

人們對事物「思「的過程，即是人都大腦活動之過程。人的一切活動都是由人的大腦神經系統指揮而起作用的。人腦是人的器官最為重要的組成部分，有的人善於用腦，形成睿智。接受事物敏銳，頭腦反應靈活。

人的眼睛耳朵都不會思考，故而容易被外界所蒙蔽，只有大腦是思考的重要器官。眼、耳一與外界相接觸，便會被引向迷途。而大人之心這個器官在於思考。一思考便得著，不思考便得不著。這個器官是老天特意給人類的。（即父母所賜。）

公司高層幹部處理任何事情，都是從看到這個事物，觀察該事物表象開始的。再經過大腦的加工過程，分析、判斷，最後才能做出科學的決策。

62　程樹德：《論語集釋》，頁 1160

儒家「亞聖」孟子說過：「心之官則思，思則得之，不思則不得也。……。」孔子曰：「學而不思則罔，思而不學則殆。」這就是孔子儒家認識論的哲學。企業家既要思，更要學。學的過程要動腦筋思考，否則就無長進，無法接受新的知識。要邊學邊思考，聯繫實際，這樣，才能避免「罔」和「殆」。

思維能力源於大腦，人人都有大腦，但思維能力有很大的差異。「思維是接受信息、加工信息以及輸出信息的活動，而且是概括發現客觀現實的過程，這是思維本質論的觀點。」[63]

人的大腦加工信息，就是觀察、分析、判斷的過程。根據大腦加工的結果，去粗取精，去偽存真，才能對事物做出科學的判斷。企業家們只有堅持思考，舉直錯諸枉，能使枉者直。才能選出優秀的代理人。

3 委託人與代理人

委託人與代理人這一稱謂是信息經濟學的專有名詞。前文提及齊魯峽谷會盟，魯定公是委託人，孔子則是代理人。由於孔子這位代理人的忠誠睿智，才使峽谷會盟化險為夷。

我在前文裏曾做過論述，這裏在研究一下企業委託人與代理人之重要性。企業委託人一般是指投資人。投資人有資金，但可能不太懂管理，或不掌握技術信息，叫信息不對稱。所以，投資人必須聘請代理人，為他管理經營企業，謀劃企業發展戰略和策略，贏得競爭勝利。

63　徐斌：《頭腦風暴》，頁 3。

委託人與代理人信息非對稱有時發生在契約之前，有時發生在契約之後。大多數發生在契約之後。所以委託人在與代理人簽訂契約之前，儘量考慮周詳一些，與準備簽約的代理人多溝通交流幾次，注意觀察代理人的言行，深入瞭解代理人的動機。雙方進行推心置腹的交談，在此基礎上在簽訂契約，減少事後衝突。

委託人和代理人往往存在著個體理性與集體理性的衝突。代理人掌握一些信息，他們往往把知識信息隱藏起來，不公開自己掌握的各種信息；有的代理人甚至於盜竊委託人的各種信息資源。因而，代理人存在著一定的道德風險，和委託人常常發生利益矛盾。

所以，招聘代理人是一件非常困難的事情。對此，傑克·韋爾奇先生對代理人設定了如下條件：

首先，代理人要正直，說真話，守信用。對自己所做的事情敢於負責擔當，並要勇於承認錯誤；尊重國家法律和行業遊戲規則，用正大光明的手段爭取競爭勝利。

其次，代理人要具備一定的智慧。他們必須讀過一些科學書籍，包括小說和物理學；他們還要有強烈的求知欲，善於學習新知識。

第三，代理人要成熟。尤其是公司高層代理人做事情要善於把握「度」，能夠控制自己的情緒，善於人交。具有積極向上的活力，激勵他人的能力，處理複雜問題的勇氣。

偉大的孔子在 2500 多年，告誡人們交友要交益者，交友直、友諒、友多聞的人；勿交友便辟，友便佞、友善柔的人。企業高層代理

人要具備智、仁、勇的品格，還要善於訥於言，敏於行。這些都是孔子《論語》的智慧，對於今天企業老闆們選擇合格的代理人具有非常重要的現實指導意義！

委託人要想獲得代理人的各種信息，必須和代理人保持溝通。

「溝通是人與人之間的信息和知識的交流。」[64]通過溝通，取得協調一致，代理人才可能積極參與委託人的群體決策，為企業贏奉獻智慧。

只有委託人與代理人之間保持溝通，取得共識，形成牢固的利益共同體，企業才能形成核心競爭力，也才能最終實現贏！

4 核心競爭力是這樣形成的

首先，委託人與代理人之間經常溝通，及時化解矛盾和分歧，上下一條心，才能形成凝聚力。中國有句古語：眾人一條心，黃土變成金。

根據我的研究和實踐，溝通要做到「三要三不要」：

一要及時溝通，不要梗塞；
二要主動溝通，不要推卸；
三要和諧溝通，不要指責。

只有溝通才能促成凝聚力。只要公司眾志成城，就能做好產品和服務，區別競爭對手。這種人力資本的能力，就是企業的核心競爭

64　張維迎：《博弈與社會》，頁4。

力。這種能力，彙集成巨大的正能量，無堅不摧，無往不勝！贏！

這裏我想再講講溝通問題。在家族企業裏，大多父輩是創業者，子女是參與者，後逐漸變成繼承者。這裏有個父輩與子女之間地溝通問題。如何協調好父子之間多關係，對民營家族企業來說，非常之重要。

我所創辦的浩淼消防科技公司經 2003 年改制後，性質為民營家族企業。我是創業者，子女是參與經營者、繼承者。很長一段時間裏，我和子女之間存在著諸多所謂「代溝」。平時，我對子女是命令式的，不尊重子女的合理意見。開會時，他們就被我訓斥，而且不敢多言。嚴重壓制了子女的積極性和工作情緒。

我反覆習讀孔子《論語》，深入研究孔子關於孝的內涵。不斷調整自己，反省自我。發現父子之間溝通不暢或無法溝通，往往都是做父親的對子女不尊重他們的人格所致。只強調子女對父母孝的一面，未能和顏悅色的和孩子們和睦相交相處。這是造成父子隔核的根本原因。

近來，我不斷調整自己的心態，不斷探討改變對子女的態度，主動和孩子們交流工作、生活，感到比過去和諧多了。孩子們也能主動和我溝通了。我們一定會逐漸實現家和萬事興的。

家族企業不僅要處理好父子之間的溝通協調，這樣做更有利於理順和代理人之間的關係，發揮代理人群體的積極性。否則，代理人無所適從，聽哪一個家族成員意見可能都不行。到頭來左也不是，右也

不行，積極性全被泯滅了。生產經營過程往往出現多次更賽，嚴重影響企業競爭。

所以，理順民營家族企業各種關係，首先要理順家族在職成員之間的關係。家族成員在企業裏要做到崗位明確，分工具體，各司其職，不亂作為，不亂管那些不是自己職責範圍的事情，家族企業就能理順和代理人之間的關係。代理人就能積極地為委託人盡職盡責。

家族民營企業只要能充分發揮代理人群體的積極性，他們就能為企業創造出驚人的業績，為企業樹立良好的品牌，就能讓企業千方百計的抓住顧客心智，讓顧客時時想著你的企業產品，只要有購買計劃，就會最先想到你的公司，你的公司就能在激烈的市場競爭中立於不敗之地，就能阻止競爭對手進入你的領地。只要你的顧客離不開你的公司產品和服務，你的公司就能贏！這就是企業核心競爭力之所在也。贏就在執行也！

四個環節：企業高層領導正確決策：董事長、總經理團隊成員，這個群體決定企業做什麼和不做什麼，策劃和制定企業發展戰略目標；

中層領導部門經理團隊，這個群體非常關鍵，是實現公司戰略目標的執行環節，也是企業實現戰略目標的關鍵環節。

基層領導是指車間主任和班組長。這個群體是企業大廈的根基。只要車間主任和班組長精心實施，帶領車間人員和車間各班組長團隊，直接指揮員工細心做好每一件事，經過大家的物化勞動，就能把

各種物料轉化為產品，這是公司實現產品的最終一環。企業優質產品和名牌產品就在這個群體奮鬥過程中誕生了。這個群體的執行力是企業贏的基石！

5 贏在執行

贏在執行，執行在企業中層和基層。企業高層出思路，制定戰略，中層執行並實現戰略。企業中層強則企業強，中層是 CEO 的左膀右臂。企業高層的戰略只有經過中層，帶領廣大基層員工努力拼搏，才能實現贏。企業如果沒有中層的敏於行，再好的戰略目標也會落空的。所以，企業委託人選聘中層代理人是實現企業贏的非常關鍵環節。

所以，企業中層要敏於行。

孔子曰：「君子欲訥欲言，而敏於行。」[65]

敏的本意是指快捷、靈活、迅速，頭腦機敏。對事物能做到「君子九思」、「視其所由，觀其所以，察其所安。」[66]

敏於行特指為實現某一目標而快速的行動。「成功始於心動，成於行動。一個隻懂得坐在雲端想入非非而不能腳踏實地的去努力的人，是永遠也不會取得成功的。[67]

敏於行就是體現在執行力上。敏者，快也、速也，敏捷也。就是

65　《論語·里仁》，頁 30。
66　《論語·為政》，頁 14。
67　楊樂：《西點軍校給青年的 16 個忠告》，頁 56。

做事情的效率，效率成就未來。也指辦事情的能力，一個人能力越強，辦事的效率就越高。但也有一些人雖然能力很強，但出工不出力，這樣的人也會拖延的，影響企業競爭力的。能力和效率一般而言，是成正比的。還有責任心也很重要。一個責任心強的員工，他的執行力一定非常強。所以，企業家要善於激勵員工增強責任心，提高執行力。

企業的競爭力就體現在企業內部辦事情的效率和能力上，不僅要做得快，還要做得好。正如傑克・韋爾奇先生所指出：「執行力是一種專門的、獨特的技能，它意味著一個人要知道怎樣把決定付諸行動，並繼續向前推進，最終達到目標。其中還要經歷阻力、混亂，或者意外的干擾。有執行力的人非常明白『贏』才是結果。」[68]

要提高執行力。就要克服懶惰思想。偉大的孔子早在 2500 多年前批評一些人「飽食終日，無所用心，難矣哉！不博弈者乎？為之，猶賢乎已。」[69]社會上那些飽食終日的人，大多是富人或是其子弟，過著飯來張口，衣來伸手的生活。這樣的紈絝子弟們是絕不能被企業錄用的。民營企業的創業者們對於自己的子女要先勞其筋骨，餓其肌膚。讓他們先過艱苦一段苦日子，磨練他們的意志，才能傳承父輩創下的基業。否則，企業就不能交給他們，寧可奉獻給社會，也不能讓自己不成材的子女把企業葬送掉。

比爾・蓋茨曾指出：「明天是魔鬼的座右銘。……對懶惰而又無

68　傑克・韋爾奇：《贏》，頁 77。
69　《論語・季氏》，頁 157。

能的人來說，明天是他們的搪塞之詞。而對於一個成功者來說，一定要把握住現在。」[70]所以，企業領導者們要懂得：拖延導致平庸，效率成就未來！要牢記：昨天已經過去，明天還未到來，只有充分有效地利用好今天的有限時間，專心致志的把每一件事情做好，日事日畢，才能實現贏，才叫有執行力。

楊樂先生說：「拖延說到底是一種壞習慣。年輕人要克服拖延的習慣，一定要樹立『立即行動』的時間觀念。」這是美國西點軍校對青年的嚴格要求。凡是有作為的人士，都是在一個一個的「今天」鑄就的輝煌！

所以，企業家們要充分把握時間，有效利用好今天的分分秒秒，決不要把貴如黃金的寶貴時間泡在不該泡的場所——麻將桌、桑拿按摩房、歌舞廳、酒席間等處。

美國西點軍校把行動作為評價每一名學員的準則。他們強調：只有行動才能實現人生的價值。《西點軍校給青年的十六個忠告》指出：「雖然在生活中沒有目標不會遭受失明甚至死亡的威脅，但是會讓我們面對近在手邊的機會而茫然不知，這是用一生的代價對盲目的行動做出的懲罰。……在現實生活中，許多人像拉磨的驢子一樣，盲目地在原地打轉。它們就像地球上的螞蟻，看起來很努力，總是不斷地在爬，然而卻永遠找不到終點，找不到目的地。」[71]

70　高紅敏：《比爾·蓋茨給青年的 9 個忠告》（臺北市：海鴿文化圖書出版公司，2006 年 7 月），頁 5。

71　楊樂：《西點軍校給青年的 16 個忠告》，頁 4、5。

企業家們要明白：敏於行是競爭贏的重要前提。任何一個企業即便制定了再宏偉的戰略目標，不去精心組織員工實施，把目標束之高閣，或抓而不緊，辦事拖拖拉拉，遇到阻力不去排除，遇到矛盾不去化解，這樣的企業是注定贏不了的，而且是必然要失敗無疑的。

所以，執行不但要講究辦事效率，還要有克服各種困難，勇於變革的勇氣！

6 變革要有勇氣

傑克‧韋爾奇先生指出：「變革是商業生活中絕對關鍵的部分。你確實需要變革，而且最好是在自己不得不變革之前。」[72]

當年，偉大的孔子力圖變革魯國政治制度，恢復周朝禮制，遭到權貴們的堅決抵制，迫使他老人家帶領眾弟子周遊列國長達 13 年之久，過著顛沛流離的「喪家犬」的生活。直到後來的戰國時期，一些勇於變革的人如社會變革家們諸如楚國的吳起和秦國的商鞅，實施變法，後來都遭到舊勢力的頑強抵抗。結果吳起被亂箭射殺而死，商鞅被五馬車裂而亡。先賢們為社會進步而獻出了寶貴隊生命！歷史上這樣的事例和教訓屢見不鮮也。

所以，傑克‧韋爾奇先生說：「變革就要有撼動大山的勇氣！……要麼變革，要麼滅亡。」[73]

偉大的民主革命先行者——孫中山先生領導中國民主革命，歷經

72　傑克‧韋爾奇：《贏》，頁 121。

73　傑克‧韋爾奇：《贏》，頁 121。

千辛萬苦，決心推翻腐朽的封建帝制，實行民族、民權、民生為目標的三民主義。覺悟的革命青年如女豪傑秋瑾及革命義士徐錫麟等人為推翻帝制，慘遭殺害，壯烈犧牲。

人們大都習慣於已經養成的舊的生活方式，習慣於已經形成的舊的社會制度。尤其是那些根深蒂固的利益集團，他們的利益一旦受到威脅，就會聯合起來絞殺變革者。正如毛澤東先生所說的：要奮鬥就要有犧牲，死人的事情是經常發生的。這是指社會革命而言。

我們平常所言企業變革，一般是指制度創新。革除過時的阻礙生產力發展的規章制度，修訂有利於調動員工積極性的禮制。這個執行過程就是不斷變革的過程。其中之「變」，就是變舊為新，革除舊的事物，創造新的事物。其間必然會遇到各種阻力、干擾和風險，時時事事考驗執行者的毅力和勇氣。

孔子曰：「知者不惑，仁者不憂，勇者不懼。」知：智。一個好的變革者群體，應是智者、仁者，更應是勇者。各項變革既不能前怕狼，也不能後怕虎，畏首畏尾；也不能莽莽撞撞，不假思索，隨心所欲。應精心策劃，精細操作，各項變革應以提升企業管理水準、調動員工的積極性，增加企業經濟效益為目標。勇於破除舊的管理制度，創立新的體制為主要內容。這樣，才有利於企業參與市場競爭博弈。

中國的《周易》是一部人文科學、研究自然發展規律的哲學。它的核心就是講「變」，世界萬事萬物都在變。「易」者變也！不變是相對的，變是絕對的，而且是有規律的。天地陰陽無時無刻都在變。對世界變的研究，古今中外許多哲學先賢都有過精闢地論述，我在這

裏就不作贅述了。

在經濟全球化的今天，競爭無處不在。競爭即是博弈。面對強大的競爭對手，既要勇於競爭，更要善於博弈。憑智慧和對手玩遊戲，既要講謀略，也要講策略。有勇有謀，和對手玩拚搏。

競爭過程既會遇到外部阻力，也會遇到內部干擾和反對。一些舊觀念、舊制度產生反作用力。所以，執行者們要有撼動大山的勇氣，排除各種內部干擾，戰勝各種阻力。並要用優秀的文化價值觀教育員工，築牢企業核心競爭力的基礎。

變革還要注意以下幾點：

· 變革不能盲目，更不能急躁；
· 企業領導者在謀劃變革之前，需精心設計變革方案，設定變革目標；
· 挑選變革領袖，招募和提拔忠誠的追隨者，培訓參與變革的人才；
· 謹慎而大膽地清除反抗者，即使他們過去的業績良好。
· 並要積極造勢，大力宣傳變革的必要性，最好用資料說明變革的好處，使廣大基層員工擁護變革，這是變革取勝的群眾基礎。

變革案例：

我於 1985 年 8 月份開始，擔任安徽省明光市職業高級中學校長。當時，為了創辦教學實習基地，我親自組織學校領導成員討論這

一重大教學做合一，首腦雙揮的教育宗旨。當時，由於我剛到職高任職，提出辦基地的方案未能獲得一致的認同和支持。

我堅持一個理念：只要決心成功，就永遠不會被失敗擊垮！當時，我們積極爭取安徽省教育廳職教經費的支持，經當時縣主管教育縣長的批准和支持，利用 15000 元職教經費，新建了一個汽車、消防車修理廠，作為學校機電班、財會班學生實習場所。

回憶當年創辦學校修理廠，也遇到多種阻力和困難。資金短缺，沒有汽車維修技工，學校有少數人在一旁看笑話。真是困難多多，道道瓶頸。我作為校長，每周還要給學生上九節課，還要主持創辦企業，忙得不亦樂乎，雖然很累，但很開心。當你辦成功一件有利民眾之事的時候，你會感到無比地欣慰！

2003 年，我買斷了這個校開工廠的所有權。這是一次企業產權的大變革，由校辦大集體性質改變為民營企業，我突然成為私人業主了，成為有產者了，當老闆了！連做夢也曾未想到的，也不敢想到的，因為出身農民，家境清貧上百年。突然在我這一代變成有產者了，這個變革是多麼欣喜若狂呀！但我很快就清醒了！……

2008 年，我把企業股權分給四個子女，我只保留少許股份，退居領導管理崗位。這又是一次重大的變革，股權改造，讓子女都分享企業的紅利，都成為企業的老闆，變為有產者。

除企業股權經過兩次變革，企業內部管理制度也經過數次變革。強調以人為本的宗旨，突出文化是人的靈魂的價值觀。

本章小結：本章主要論述企業領導力和執行力。高層領導團隊主要是制定企業發展戰略，中層團隊重在執行，這是企業贏的關鍵。

執行會遇到各種阻力，所以，企業家要具有變革的勇氣。要遵從孔子之教誨，做到仁者不憂，智者不惑，勇者不懼。

同時，還要加強企業的文化建設。

（十）文化是人的靈魂

1 文化的含義

文：是記錄語言的符號。也指自然界或人類社會中有規律的現象。古代一些典章制度，社會文明程度等。還指文章、文采、紋路。

文化泛指文學、藝術、廣播、電視、音樂、美術、舞蹈、體育等諸多方面。

有學者認為：文化是一個群體（國家、民族、社會組織、企業、家庭）在一定時期內形成的思想、理念、禮儀、行為、風俗、道德、習慣。

文化是人們價值觀、人生觀的反映。

世界各國不同民族都有優秀的傳統文化，它們都具有不可替代的功能。如中國的儒家文化、道家文化、佛家文化，世界的伊斯蘭文化和耶穌文化等，它們在人類歷史的長河裏，都發揮了非常重要的作用，促進了人類社會的進步，科學技術的發展，經濟的繁榮。

2012 年 11 月上旬，中國共產黨召開了第十八次全國代表大會。胡錦濤總書記在大會上提出五個建設的綱領和宏偉藍圖。它們是：經濟建設、政治建設、社會建設、文化建設、生態建設。其中把文化建設列入國家五大建設之重要組成部分。

胡錦濤先生指出：「文化是民族的血脈，是人民的精神家園。」這個十分精闢的論述，高度概括了文化的實質和內涵，科學定義了文化的功能。文化猶如人體之血脈，須臾不可或缺。人的身體一旦缺少血液了，就無法生存了。一個國家猶如一個人體，必須保持充足的血液，才能有旺盛的精力，昂揚的鬥志，從事各種偉大的建設事業，使廣大人民享受幸福的精神家園。

2 企業文化

文化是人們的精神家園。優秀文化具有宣傳教育功能、激勵功能、傳輸正能量功能。還能給人們帶來歡樂、開心和喜慶。從而促進家庭美滿、社會和諧，企業贏利。

企業文化與員工價值觀

企業是社會之中的重要組織。它創造顧客，為國家、為社會、為員工帶來多贏。這與企業文化建設是密不可分的。

企業文化也可稱組織文化。是這個組織的集體價值觀、理想信念、規章制度、禮儀、符號、待人接物、處事方式等所形成的特有文化現象。

中國煙草職工思想政治研究會會長張保振先生潛心研究企業文

化，他把文化分為「一體三翼」，即企業的「人格文化」為「體」，企業的制度文化、精神文化、物質文化為「翼」。這種精闢分析把企業比擬為飛鳥型，人格為軀體，物質文化和精神文化為兩翼，軀體是主幹，兩翼是翅膀，是助推器，翅膀帶動軀體展翅飛翔，張先生的這種精彩比擬，實在令人耳目一新。

企業是由一群人組成的集合體。美國管理大師的德魯克先生曾經說過：企業是器官。這又是一種比擬的精彩論述，只有動物才有器官。人是高等級動物，人皆有器官。以人為本是科學發展觀的本質要求。企業是由人群組成的，所以，企業文化實質上就是企業員工的人格文化或人本文化。

儒家非常強調人本思想，以仁愛為最高道德標準，其中孝乃仁之本與。孔子曰：「出門如見大賓，使民如承大祭」。這就是孔子儒家所宣傳的人本思想。尊重人是前提，只有尊重他人，才能被他人尊重。企業經營者必須牢記孔子先哲的教誨，只有充分尊重員工的人格，才能充分發揮他們的積極性和創造能力。

所以，企業文化建設，實質上就是用儒家優秀的人本理念、仁愛思想宣傳、薰陶員工，使員工逐漸形成良好的人生觀、價值觀、世界觀。

企業優秀的文化是通過企業員工的一言一行顯現的，而員工的言行是由每位員工的價值觀體現出來的。

員工價值觀是企業核心競爭力的基石。

3 員工價值觀與企業核心競爭力

企業員工價值觀是企業文化的體現。員工價值觀是保證公司做正確事的基石。

價值觀是指人們的思想、意識、觀念，是人們對事物的價值取向。比如對時代社會的認識，對民族國家的認識，對愛國主義、集體主義的認識，對財富金錢的認識，對利和義的認識，對生與死的認識，對天地神靈的認識，對婚姻家庭的認識，等等。所有這些均是人生觀、價值觀的反映。

一個企業要贏得競爭勝利，靠正確戰略，還要靠正確指揮，更要靠全員艱苦拼搏，奮力開拓。靠員工職業道德和職業操守，只有員工忠誠於企業，忠誠於顧客，踏踏實實地、齊心合力地把產品做好做精做優，把服務做熱情做及時，忠誠於顧客，才能讓顧客滿意，產品才能轉化為商品，進而轉化為貨幣，企業博弈取勝了，才能獲得一定的經濟效益，這時，企業家們才能宣佈競爭贏了！

中國有句古語云：人心齊，泰山移。只要企業領導者做到以身作則，就能率眾人行。只要企業人心齊，就能使泰山移！企業員工是企業核心競爭力的基石，是企業博弈制勝的根本保證。毛澤東先生曾經指出：兵民是勝利之本。兵乃民之子弟，打仗靠老百姓支持，國家建設更要靠百姓的力量。一個人心渙散的國家，是無法戰勝強大的敵人的；一個渙散的企業，在激烈的市場博弈過程中，肯定是無法擊敗競爭對手獲得勝利，贏得效益的。

胡錦濤先生宣導的「八榮八恥」：

以熱愛祖國為榮，以危害祖國為恥；

以服務人民為榮，以背離人民為恥；

以崇尚科學為榮，以愚昧無知為恥；

以辛勤勞動為榮，以好逸惡勞為恥；

以團結互助為榮，以損人利己為恥；

以誠實守信為榮，以見利忘義為恥；

以遵紀守法為榮，以違法亂紀為恥；

以艱苦奮鬥為榮，以驕奢淫逸為恥。

這個「八榮八恥」，就是中國共產黨在新時期傳承儒家文化，教育國人的重要內容，是儒家文化的新內涵。

案例：明光市浩淼消防科技發展有限公司（民營企業）員工價值觀：

1 謹記「八榮八恥」；

2 遵守國家法律、法令；

3 遵守公司規章制度；

4 尊敬父母長輩，愛家庭，愛兄弟姐妹；

5 愛同事親朋，愛鄰里鄉親；

6 忠於我公司，忠於我職責；

7 認真做事，坦蕩做人。

員工倫理道德觀：

孝悌、仁義、忠恕、誠信。孝悌為先為本，仁義為朋為友，忠恕為己為他，誠信為己為人。己之忠，才能恕他人；誠於己，才能取信

於人。這既是儒家道德哲學，也是儒家正心、修身之本。

企業博弈靠企業建立優秀的文化，建設美滿幸福的家庭，也要靠員工們的精神文化。

（十一）家庭鄰里博弈

1 齊家

儒家非常重視「家」。這裏講的家是指大家庭、家族。儒家強調君子要做到正心、修身、齊家，才能實現治國平天下。所以，在儒家文化裏，對家的理解和治理，是非常之重要的。

古代家族與現代家庭都是以血緣為紐帶的，家族往往屬於同姓，內有親疏遠近之分。有的地方有「五府」之說，即五輩，五輩之外即出五府了，屬於宗族。而五府之內屬於近門，是祭祖的範圍。

家族族長權利很大，主持祭祖儀式，處理族內矛盾糾紛。晚輩要服從族長，這實際上是儒家的等級制。即所謂君君、臣臣、父父子子。

現代社會的家庭一般是三代同堂或四世同堂，如若兄弟多，成家後即建立夫妻為主的小家庭，與父母兄弟姊妹分居，另起爐灶，過獨立的生活。

現代家庭大都父子親親，兄弟怡怡，和睦相處。但是，也存在著諸多博弈。

尤其在家族企業裏，既有先進的制度約束，也有親緣關係維繫著企業的生存和發展。父輩創業，子女可能都在企業裏上班，並擔任一定的管理職責。父子之間既有共識，也有分歧矛盾，雙方博弈是屢見不鮮的事實。

處理父子博弈，要宣導儒家孝文化。

2 父子博弈——孝與不孝

我有四個子女，都已成家立業。由於我是一個中學教師，無錢為子女找關係就業，只好在老爸創辦的小企業裏上班，靠自己勞動掙錢。

我的四個子女都很敬業，都在各自崗位上努力工作，但是由於每個人的文化修養不同，看問題的角度不同，執行力各異。尤其是與我之間溝通差，他們似乎怕我否定他們的意見和做法。因此，子女與我的分歧有時很突出。

我和子女之間的分歧矛盾，具有普片性。如何解決父子之間的矛盾？要妥善解決父輩與子女之間的矛盾，就要從儒家孝文化學習切入。

首先，做子女的要懂得為何要孝？深入理解孔子儒家「父在觀其志，父沒觀其行，三年不改父之道。」的內涵。孝是儒家文化的基石，由孝到仁。一個不孝之徒，是不可能有仁愛之心的，在企業裏是不可能友善員工的。

有一個民營企業創始人，苦心經營一個化工廠，專心培養自己的

兒子讀書出國深造。兒子學習回國之後，老爸讓位給他接班經營企業。據說，這位兒子目前連他苦心創業的老爸和兄弟姊妹都不准進他的工廠大門。這個不孝之徒如何友善他公司的顧客，實在令人懷疑也。

當然作為他們的父輩，要正確對待子女，善於和子女溝通，以平等的態度，虛心聽取子女的正確意見。要尊重子女的人格，支持他們、愛護他們，多鼓勵。對他們不適宜的意見和做法，要及時指出和糾正，不能遷就，更不能姑息其錯誤。但批評子女要注意方法，注意給他們留些面子。在大庭廣眾下，一般不要嚴厲的批評，否則會影響他們的威信。對子女的工作失誤所哦造成大損失，在企業造成一定影響的，一定要選擇適當機會，在適當場合給與批評，指出錯誤的嚴重性。這樣做的目的是表明老闆是非分明，不護子女的短處。

有一首小詩：父愛是一首無言的詩，嚴厲是他的標題，溫暖是他的句子，偉大是他的真意！這大概就是人們常說的「嚴父」的寫照吧！

我有時批評子女很嚴厲，甚至於在眾人面前不給他們留情面，挫傷子女的自尊心，使他們不好做員工工作。我時常內省自責，也努力改善自己的態度，化解自己和子女的意見分歧，主動和子女溝通，融洽和子女的家庭關係。儘管我對子女很嚴厲，批評不留情面，但我的四個孩子對我仍然很孝順，很尊重！使我非常內疚，我也儘量剋制自己，對子女做到不發脾氣，不指責，不干預他們行使自己的職權。對他們正確地做法，給與極大地熱情支持。

在家族企業裏，不僅企業老闆與員工存在著博弈，老闆子女兒弟姊妹之間也會有矛盾，也產生博弈。當子女之間出現分歧時，作為父輩要及時解決，而且要做到「一碗水」端平，不能無原則支持不正確的意見，要遵照孔子之教誨：舉直錯諸枉，能使枉者直。

我已年逾古稀，早在 2009 年，我把公司股權分給四個子女。當時有人懷疑三個已出門的女兒是否參加分股權？我和老伴商量結果，兒女都是自己的親骨肉，決定三個女兒參加股權分配，只是兒子分得 30% 的股權，因他有三個孩子，一家五口。三個女兒各得 20% 股權，我和老伴得 10%，目的保留話語權。

企業要把儒家孝文化作為強大的精神動力，由企業老闆家庭波及到員工家庭，積極培養員工倫理道德，樹立尊長愛幼的良好風氣。尤其是情侶夫妻之間，更要處理好兩人之間的恩愛關係，減少博弈造成的惡果。

3 情侶夫妻博弈

亞當夏娃偷吃禁果犯了原罪，然而他們組成了人類最原始的家庭，使得人類繁衍，生生不息。

家庭由夫妻組成。古代封建社會的婚姻由父母包辦，既是男女雙方不同意，也無法違抗父母之命。尤其是女子，所謂嫁雞隨雞，嫁狗隨狗，許多女子為此遺憾終身，她們無法與命運博弈。

我國宋代的大儒朱熹，推崇封建禮制，積極主張「三從四德」。他提出「餓死似小，失節似大」的倫理道德觀。女的丈夫一旦死去，

妻子既是再年輕，也不得改嫁，只能活活再婆婆家守寡一輩子。所以，在朱熹的老家安徽皖南徽州地區的歙縣，就有許多所謂貞節牌坊，保留至今幾百年之久。這是吃人的封建婚姻禮教的見證。而朱熹本人卻又妻妾多人。

人類社會發展到今天，婚姻關係發生了重大變化。婚姻法宣導自由戀愛、結婚，實行一夫一妻制。

隨著社會文明進步，男女在戀愛、婚姻上發生了奇跡般的變化。博弈幾乎隨處可見。父母包辦不復存在，結婚離婚似乎成了家常便飯。婚外情比比皆是，老夫少妻，一夫多妻，所謂二奶，三奶幾乎波及城鄉商界、政界，家庭關係非常之脆弱，社會人倫已經倒退。正如2500 年前孔子所言：「德之不修，學之不講，聞義不能徙，不善不能改，是吾憂也。」

下面介紹情侶博弈幾則小幽默。

一對熱戀情人周末相見，兩人都背著手，讓對方猜晚上的活動。男的買了兩張看足球的票，女的買了兩張看芭蕾舞的票。兩人博弈結果，男的放棄看足球，陪女的看芭蕾舞演出，這場簡單的博弈才獲得均衡。

已結婚的一對情侶，老公對妻子說：研究發現，夫妻屬相決定兩個人的相處；妻子說：我屬牛，你屬虎，應該我怕你啦？老公：哪裏，你是犀牛，我是壁虎呀！

一對夫妻結婚前，男的一直叫女的「天使」，結婚後男的不叫

了，女的問男的為什麼？男的回答：我現在頭腦正常多了。

一天，新婚妻子問丈夫：老公，以前你什麼都順著我的，可我們結婚才三天，你為什麼就和我吵了兩天架？丈夫答曰：那是因為我的忍耐是有限度的。

丈夫到機場接妻子，妻子看到丈夫愁眉苦臉的，妻子問：你看那邊一對夫妻有說有笑的你為何不開心？丈夫說：你沒看到那是送他妻子走的嗎？

一對新婚情侶夫妻，每天丈夫下班回家，妻子主動開門，拿拖鞋。可是時間不長，丈夫回來家，妻子叫小狗開門。拿拖鞋，自己躺在沙發上看電視。

一天，老公對妻子說：老婆。這幾年我一直生活你的陰影裏。妻子問：我做錯什麼了？讓你一直生活在我的陰影裏？老公說：因為你太胖了！

以上雖然是幾則幽默趣談之故事，但他們都能反映當代婚姻家庭的變化情景。從情侶到夫妻，生育子女，到老年相依為命，在長達幾十年的共同生活裏，雖不時吵鬧，但相伴終生。也有許多年輕人結婚不久，便離婚，孩子成為單親，學習成長受到極大的影響。

某公司有一對夫妻，早在 20 多年前，女孩在讀大學，男孩窮追不捨，他們結婚生子，在 10 多年的時間裏，夫妻關係一直很好。可在前年，丈夫懷疑妻子有外遇，跟蹤吵鬧打架，直至離婚，一個兒子無法讀書，到高中二年級就放棄學業回家了。他們離婚之後，男的時

常去女的單位鬧，找女方麻煩，有時用手機發信息，謾　侮辱女方，幾乎構成侵權罪。這樣的案例恐怕隨處可見也。

家庭博弈是普遍之現象，鄰里博弈古今皆有之。

4 宰相家人與鄰里博弈——六尺巷的故事

安徽有個城市叫桐城，人們稱之為文都。據史書記載：有個六尺巷的故事頗引人感歎。記載的是清朝康熙年間，桐城有位文華殿大學士名叫張英，家住安徽桐城縣的一個只有三尺多寬的小巷一側。小巷只有 100 公尺長，寬不到 2 公尺。

據姚永樸《舊文隨筆》、《桐城縣志略》記載：老宰相張文端（清朝康熙年間文化大學士張英）居宅旁有隙地，與吳氏為鄰，吳氏越用之。張英家人馳書於都城，張宰相批詩於後寄歸，云：「一紙書來隻為牆，讓他三尺又何妨。長城萬里今猶在，不見當年秦始皇。」

家人得書，隨撤讓三尺，吳氏聞之感其義，亦退讓三尺，故六尺巷隨之得名也。

鄰里相處，常常因為一些小事情鬧得不可開交。這個小巷子北面一側是當地吳氏富豪居住。富豪家多次要大學士張英家退讓，為己出行方便。大學士家人馳書信到京城，告之富豪家無理之要求。大學士張英看過家人書信，即回覆上述詩句，告誡家人退讓三尺又有何妨？家人便主動退讓三尺，感動了富豪，富豪家也主動退讓三尺。故一條很窄的小巷就變為六尺巷了。為後人傳為美談！這個博弈故事由於宰

相張英家主動退讓，而得到圓滿的解決，實現了和諧均衡。[74]

據我所知，有一地方社區，鄰里因一條滴水溝屢次發生矛盾，互不相讓，一鄰里把對方告到法院，從此兩家結成冤家對頭，幾乎傷及人命。

5 兩司機看報紙

一天，兩位司機開車幾乎同時相對進入一條小巷子。司機甲把車停下來，拿張報紙看。看完之後休息了，對面司機過來彬彬有禮的說：老兄把報紙借給我看看好嗎？

這是狹路相逢，兩位司機誰也不肯退回去，僵持在狹窄的小路上。這兩位仁兄實際上在博弈，誰也不願意作讓步，結果無法走演出「囚徒困境」。當時他們都是非理性人，如果有一位司機主動把車倒退回去，讓對方前進，這個矛盾就解決了，雙方均實現了理性均衡。這個故事就是「囚徒困境」的另一個表現，連兩位司機如果都是理性人，都能相讓，他們就能走出「囚徒困境」，博弈就會和諧解決。

這個故事與兩人相對過獨木橋的故事是一樣的。事情不大，也很簡單，但兩人互不相讓，就麻煩了。說明社會人與人之間缺乏友善，互讓之品格，這與孔子儒家思想是相悖的。儒家主張以和為貴，以情為大，以義為重，以禮相讓，處處講包容。

6 包容乃大

佛家有句名言叫「懺悔」。懺為「梵語」，「懺摩」的略稱，原

---

74 《人民日報》，2012年3月7日，第3版。

意為「忍」或「寬恕」。人有了過失，請求寬容，是「懺」的本意。「悔」也是梵語，意思是說罪，檢討自己的罪過。犯了過失，應對對方坦誠檢討，這就是「悔」，悔過、認錯，求得寬容。佛家的觀點是：智者有二，一不造諸惡，二者作己懺悔。諸位企業家可以借鑒乎？

佛教哲學是世界哲學史重要的組成部分。佛家主張人類和平、和諧，反對掠奪和戰爭；佛家積極宣導行善，反對貪、嗔、癡，有了罪過要懺悔；佛家還提倡包容，凡事讓他人三分。所謂和為貴，忍為高，不忍不讓禍先招。這些積極的思想都是世界人類寶貴的精神文化財富。

中國的儒家也宣導包容，它與佛家有異同之處。這裏也作一點研究。

人不知而不慍（angry）：

子曰：「學而時習之，不亦說乎！有朋自遠方來，不亦樂乎！人不知而不慍，不亦君子乎！」[75]

說：悅，高興，快樂。

慍（yun）惱恨，惱怒。被別人誤解，不惱恨（hate），不記仇（bear grudges），不報復（revenge）。包容（comprehensive）的心態，寬闊（wide）的胸懷！

---

75 《論語‧學而》，頁1。

唐太宗與魏徵：

魏徵是歷史上有名的正值無私的諫官。有一天，唐太宗退朝回後宮，怒氣衝衝地說：這個老東西早晚我要把它殺掉。此時，長孫皇后問明緣由，即跪下對太宗皇帝稱賀道：祝賀我主聖明，難得一賢臣相助，保我大唐江山千秋萬代。太宗皇帝聽了皇后之言，頓覺有理，也就不再說魏徵了。自此，太宗與魏徵結下了深厚的感情。魏徵病逝，太宗極為悲傷，感歎失去了一位賢臣。

鄧小平是中國改革開放的總設計師。他老人家胸懷坦蕩，不計個人恩怨。上世紀 70 年代，被貶至江西一拖拉機廠當工人。「文革」期間，幾起幾落，「文革」結束後，回京復職。他以偉人的胸懷正確對待毛澤東，教育幹部顧全大局。

三省吾身（refiect on oneself thres times a day）：

曾子曰：「吾日三省吾身：為人謀而不忠乎？與朋友交而不信乎？傳不習乎？」（《論語·學而》，頁 3。）

君子每天自我檢討：為他人辦事真心誠意嗎？與朋友交往守信用嗎？老師傳授的知識經常復習了嗎？

不已知（known）：

子曰：「不患人之不已知，患不知人也。」（《論語·學而》，頁 9。）

患：擔心（worry），憂愁（sad），憂慮。不已知，不知道自

己，不瞭解自己。不要擔心人家不瞭解自己，要考慮自己是否瞭解別人。

人際關係（interpers onal relationship）：是指社會人群中因相互需要而建立的交往關係，又可稱社交。人與人之間相互關心、依存、支持、幫助或排斥、詆毀、重傷，與個人情感有關。

君臣相禮（the monarch and his subjects）：

子曰：「事君盡禮，人以為諂也。」

下級對上級，要遵守禮制，尊重上級；維護上級的尊嚴；上級對下級要關懷，以平等態度對待下級。只有處理好人際關係，社會才能和諧。

孝（filial piety）：是處理家庭關係重要原則。儒家文化倫理道德的核心內容。研究發現由孝進到仁，仁成為儒家道德的最高標準。

子女勞而不怨（no resentment）。

子曰：「事父母幾諫，見志不從，又敬不違，勞而不怨。」（《論語·里仁》，頁 37。）這是儒家孝文化對子女的要求，一般子女都能做到。但也有少數不孝之徒，對雙親生活上不關心，語言上不尊重，甚至於狀告父母。這種子女已變態，人心泯滅，人性變形了。這樣的子女與其有，不如無。他們和父母是無法走出「囚徒困境」的。

父子關係，既是家庭人倫關係，也是社會人際關係的重要組成部

分。儒家強調正心、修身、齊家、治國平天下。而家是由父母組成的社會基本單元，有父母才有子女，子女又組成新的家庭。這樣生生不息，繁衍人類社會。

孝就是這樣形成的。尤其是具有五千多年歷史的文明古國，孝文化作為國人靈魂的根基，是永遠也不會動搖的！不孝者不能從政也！

好仁與惡人。

子曰：「唯仁者能好人，能惡人。」[76]

仁（benevolence）：儒家道德的最高標準。

仁者具有是非觀念，愛憎情感。包容應是有前提的。仁者愛人（the benevolent loves others），孟子認為：人具有「四端」之心：「惻隱之心，仁之端也；羞惡之心，義之端也；辭讓之心，禮之端也；是非之心，智之端也。」

孟子既講仁愛，也講是非。企業家們從中悟出諸多哲理，對企業代理人的過錯，不能無原則的遷就，對那些不仁者則不能無原則的去愛。這就是儒家的以直抱怨觀點。

子曰：「放於利而行，多怨。」[77]
子曰：「巧言令色，鮮矣仁。」[78]

76　《論語·里仁》，頁 32。
77　《論語·里仁》，頁 36。
78　《論語·學而》，頁 2。

愛人與知人（spouse knowing）

樊遲問仁。子曰：「愛人。」問知，子曰：「知人。」……「舉直錯諸枉，能使枉者直。」[79]

仁者愛人，知（智）者善於識別人。

家庭關係是以愛為紐帶的而形成的血緣關係。

一位哲人曾經說過：世界上最具能量的就是愛與情！

去愛她，犧牲自己，傾聽她的話，發揮同理心，欣賞她，肯定她，讚美她！

相愛不等於去愛，愛是一種行動，是一種基於意願的行動。我們必須選擇去愛。不論我們多麼想愛一個人，如果實際不做，那就會成泡沫！

英國偉大的哲學家培根先生曾說過：家庭夫妻關係是「少年情侶，青年夫妻，中年伴侶，老年看護！」——（培根語錄。）

家庭父母與子女之間，情侶夫妻之間，往往是由親情血緣為紐帶的，孝是根本。但對社會各色人等就要處理好報德與報怨的關係。這也是博弈論理論需要研究的問題，因為它涉及到委託人與代理人之間的契約關係。當報德必須報德，不當報德，就不能抱德。否則，就是是非不分，良莠不明，容易挫傷好人的積極性。企業管理無法走出「囚徒困境」。

---

79 《論語・顏淵》，頁 134。

或曰：「以德報怨，何如？」子曰：「何以報德？以直抱怨，以德報德。」[80]

對有仁德者，儒家強調以德報德（one good turn deserves another）；所謂滴水之恩，「湧泉」相報。而對不仁者則要以直報怨（justice in return for injustice）。直：公平、公道，講道理，堅持原則。「小大由之。不以禮節之，亦不可行也。」

下面講一個真實故事——「騙子困境」：

今年 5 月下旬，北京首都師範大學音樂學院一名女碩士畢業生，為了在京找工作，經她的老鄉介紹，要她拿 20 萬元給一名同鄉女騙子做酬金，說是有門路給她找武警總部文工團安排就業。直到 7 月下旬，她同班同學都找到工作單位了，只有她沒有消息。於是，她就去找那個女騙子問明情況。那個女騙子一直不見被騙者，這時被騙者知道被騙了，於是找騙子要回 20 萬元。7 月 25 日下午，騙子給她發一個匯款回單，結果回單是假的，騙子繼續耍花招騙她。

在此情況下，是報警還是盯住騙子要回 20 萬元？被騙者經過多人相助，決定先不報警。就在 7 月 26 日一天早上，被騙者帶朋友於六點鐘找到騙子家堵住門，開始長達一周的緊盯圍攻。由於被騙者多達 10 餘人，騙子家裏被圍得水泄不通。開始騙子非常囂張，態度蠻橫，並叫黑社會一幫到他家對要款者進行威脅。在眾多被騙者的火力壓制下，幾個幫兇也灰溜溜地走掉了。騙子開始軟下來了，並在第 6 天開始退款。那位柔弱的女碩士研究生在 7 月 31 日上午要回了被騙

80　《論語・憲問》，頁 161。

的 20 萬元。

這是一個真實的故事。被騙者和騙子應都是理性人。騙子是為了騙錢於國法不顧，被騙者是為了找工作而被騙。被騙者看到同學都找到工作了，非常著急，開始清醒，經過理性鬥爭，選擇先不報警，盯住騙子不放。在眾多被騙者的強大攻勢下，騙子終於做了理性的選擇——退還被騙的錢。這個女騙子終於走出了「囚徒困境。」

經過雙方博弈，被騙者追回了被騙的錢，騙子退還了騙的錢。從這個真實的故事說明，當今社會一些人的靈魂被金錢腐蝕了，壞事、醜事都能不擇手段的去幹。這些人遲早是要被國法制裁的。他們要麼徹底改變，坦白認罪，悔過自新，做個理性人，走出「囚徒困境」；要麼拒絕坦白，接受法律制裁。

參考文獻

〔美〕邁克爾 A 希特、杜安 愛爾蘭、羅伯特 E 霍爾基森著，呂巍等譯：《戰略管理-競爭全球化（概念）》（北京市：機械工業出版社，2012 年 3 月）

〔美〕詹姆斯 庫澤斯、巴裏 波斯納著，李麗林、張震、楊震東譯：《領導力》（北京市：電子工業出版社，2011 年 11 月）

〔美〕傑克 韋爾奇、蘇茜 韋爾奇著，余江、王書譯：《贏》（北京市：中信出版社，2007 年 8 月）

〔美〕彼得 F 德魯克：《德魯克管理學》（北京市：東方出版社，2009 年 8 月）

張維迎：《博弈論與信息經濟學》（上海：格致出版社上海三聯書店 2008 年 7 月）

〔美〕克裏爾主編：《哈佛名人教程》（呼和浩特市：內蒙古人民出版社，1997 年 12 月）

程昌明譯注：《論語》（太原市：山西古籍出版社，2001 年 6 月）

高紅敏：《西點軍校給青年人的 16 個忠告》（臺北市：臺灣海鴿文化出版社，2007 年 6 月）

第二篇

人生回憶篇

一 模糊的理想——做老師

我出身在安徽偏僻的農村，籍貫安慶市潛山縣。

小時家境貧寒，記得從八、九歲（1948 年）就開始幫人家放豬，後又放牛。解放後 1949 年直到 1951 年，還幫工放牛。入冬，在村裏上冬學，是村裏有點文化的農民交幾個小孩學識字課本。記得有：「我姓-我叫-我報名上冬學」、「一定要把淮河修好」的字句。

1951 年農村土改工作隊要求小孩子都要上學念書。於是在兄嫂的支持下，我於 1951 年 11 月到六里之遙的一個小集鎮上讀小學 4 年級。記得當時的學費是大哥給老師送二斗大米。

1953 年 5 月小學畢業前夕，語文老師出個作文題目：《我的理想》。當時，我根本不知道什麼叫理想。只是受我的啟蒙老師梁宗堯先生的影響，覺得做老師很好的。所以，我就寫我的理想是做個小學老師。

記得 1953 年 7 月，我和我們小學 5 名畢業生去縣城參加升學考試。經過 2 天考試，第三天下午張榜公佈錄取名單，觀者數百人。我擠在人群裏，突然看到有我的名字，真實喜出望外。我們學校去應考的 5 人，只考取了我和另一名叫任正友的同學計 2 人。那些沒被錄取的學生有的坐在校園裏大哭不已。

我們於 1953 年 9 月 1 號，進入一所農村鄉鎮初級中學讀書，離家大約有 100 多里山路。往返學校基本上都是兩條腿為交通工具。

初中畢業，為了實現做老師的理想，我填寫升學志願時，只填寫了滁州師範學校，後被錄取，接著讀了三年師範。1959 年 5 月師範畢業前夕，校方通知有 5% 的畢業生可以參加升學考試。我因家庭出身貧下中農，加上學習成績優秀，被校方批准允許參加當年高考，但只能報考師範院校。於是我加緊復習迎接高考，有幸錄取在合肥師範學院歷史系，讀書 4 年，鑄就人生的命運。

1963 年 7 月，我大學畢業，被政府分配到安徽省皖東地區嘉山縣一所省重點中學當老師，我的理想終於實現了！當我領取第一個月工資時，激動不已！

自 1963 年 9 月開始，我基本上都在學校工作，先後做過一中團委書記，副校長，縣實驗小學校長，縣委宣傳部理論講師，1985 年 8 月調到明光市高級職業中學擔任校長，直到退休。

三 開工廠──做企業實體

我似乎很喜歡辦企業實體，但充滿了博弈。

1975 年 7 月，我調到嘉山縣實驗小學任校長。為改善辦學條件，我組織老師們創辦了塑膠廠、粉筆廠、木材加工廠等小企業；為改善師生福利作些貢獻。

1981 年 8 月，我又調回嘉山中學擔任副校長主持工作。在此期間，在地方政府的大力支持下，我和學校總務主任負責，先後創辦了油石加工廠、玻璃廠等企業。

1985 年 8 月，我被調到明光市職業高級中學擔任校長。親自組織創辦職業技術機電班學生實習基地——明申汽車大修廠，後改為明光市消防器材廠，2006 年更名為明光市浩淼消防科技發展有限公司。原來是個只有 10 多名員工的校辦汽車、消防車修理廠，經過 20 多年的奮鬥，企業由初創期進入到發展期。2003 年企業改制，由校辦企業大集體性質變革為民營企業。改制使企業進入到一個新的發展時期。

小插曲：——我被罷免

1989 年 8 月，我被地方縣委一副書記領導免去職業高中校長一職。原因是當時這位縣委一位副書記強行把職業高中一個水泥預製場解散，用職業高中的土地辦高考復習班，引起全校教師的強烈反對。我作為校長，代表全校老師向政府呈述意見，那位副書記認為我不聽他的意見，不服從他的決定，就編造理由，免去我的校長一職。

記得當時我生病在家，聽到被免職的消息，心裏肯定不服氣的，但是我無有後臺呀，只好忍受了，正好可以在家休息了。因那個校辦企業是我親自組織創辦的，企業生產經營我最熟悉。我當時不去管理了，企業幾乎處於癱瘓狀態。不久，縣政府下個文，任命我繼續擔任那個消防器器材廠廠長，還尾碼為副局級。於是，我又回到職高校辦消防器材廠擔任廠長。這實際上也是一場博弈——我個人與官僚的博弈。許多朋友後來遇到我，都說我因禍得福，成為所謂民營企業家了。

我回到消防廠，處於責任和愛好，更加努力辦好企業。使這個校

辦工廠逐漸得到發展。而發展的過程，充滿了博弈的過程。經過全員的艱苦拼搏，到「十一五」期間，企業有了長足的進步。

　　明光消防器材廠在 2003 年底完成了產權置換，由校辦企業變成民營企業，進一步解放了生產力。「十一五」期間，公司雖發生過幾次震盪，但很快平靜下來，對公司的經營無大的影響。這應歸功於公司幹部和全體員工的高度凝聚力。

　　「十一五」公司取得了顯著的業績。

（一）公司在「十一五」發展的基礎上，於 2004—2006 年購置土地 170 畝，新建廠房 16000 多平方公尺，辦公樓 2000 多平方公尺，道路、綠化整齊美觀，從根本上改變了企業形象，促進了市場行銷，增加了經營業績。五年間新增固定資產近 5000 萬元。

（二）技術創新成績顯著：
五年間公司共投入性技術研發資金 2000 萬元，共開發消防車新產品種 60 多個，獲得國家專利 14 項，其中細水霧排煙機器人於 2009 年度獲得中國消防協會科技進步三等獎。公司在技術人員短少的情況下，齊心聚力，大膽創新，在空軍有關專家的指導下，吸收國內外技術成果，利用空軍渦噴 W5 發動機，先後研發出單、雙發超細水霧高效滅火救援消防車，增強了公司市場競爭力，增加了公司的銷售業績。

（三）「十一五」公司經營業績成績顯著

年份	生產（輛）
2006	157
2007	293
2008	348
2009	328
2010	340
合計	1466

　　五年間共生產各型消防車 1466 輛，銷售市場不斷擴大，除臺灣省、西藏區、港澳區無有銷售外，其餘 30 多個省區均有用戶。五年共實現銷售收入：7.8 億元，繳納稅金：3759 萬元，奉獻社會 202 萬元。（參看下表）

「十一五」經營業績統計表

年份	銷售收入（萬）	繳納稅金（萬）	奉獻社會（萬）
2006	8695	363	18
2007	10289	521	21
2008	19270	912	52
2009	19730	920	21
2010	20472	1038	90

　　（說明：2010 年只統計 1——11 月份）五年共實現銷售收入：7.8456 億元繳納稅金：3759 萬元 奉獻社會：202 萬元。

(四)改善員工生活成績顯著：公司積極鼓勵員工通過自己的辛勤勞動，增加收入，五年間約有 10%員工成為有產者，他們不僅購買了中高檔轎車，還購置了房產。購房：30 戶購車：14 人

公司中層幹部、技術人員收入統計表（元）

年份	銷售車輛	部長	副部長	科長	科長	技術員
2007	293	37215	34815	33350	28020	44400
2008	348	41340	38940	37200	31320	44400
2009	328	39840	37440	35800	30120	44400
2010	346	41190	38790	37060	31200	44400
與 2007 年增長比例	18%	11%	11%	11%	1%	0%

說明：

此工資總額為年純工資額，不含獎金；

技術員工資為固定工資部分，不含其它項。執行固定工資人員未做統計。

年份	工資總額（萬元）	車間工人數	平均收入（元）	增長率（%）
2006	295	100	1268	
2007	433	119	1559.8	
2008	618	167	1757.9	

| 2009 | 618 | 175 | 1948.2 | |
| 2010 | 724 | 164 | 2128.7 | |

生產車間一線工人工資收入統計

　　五年全廠工資總額：2630 萬元生產一線工人 170 名五年工資總額：1586.8 萬元，占全廠工資總額：43%，占全廠員工總數 52%的工人獲得工資總額的 43%。

　　「十一五」期間公司遭遇幾次大的博弈風險

（一）違規經營通報停產：2004、2005 兩年，由於公司個別管理者背著老闆，擅自把公司消防車合格證無償提供給蘇州一家無證企業使用，嚴重違背公安部消防產品合格評定中心的政策法規，公司已經過認證的 3C 證書被全部收回，並在消防網上通報，限令停產三個月。公司老闆立即赴京多次作檢討。時值春節之前，天寒地凍，老闆忍受極大地壓力，數度患重感冒，在萬般無奈的情況下，當時請安徽消防總隊屠國華總隊長出面交涉，才得到解決。既勞命又傷財也！

（二）案件牽連：2008 年 7 月 21 日下午，公司老闆被安徽省紀檢會帶走，第三天公司財務主管又被叫到合肥，配合調查明光一幹部的經濟問題。此間，公司市場受到一定影響，有人趁機造謠誣陷，公司領導頂住壓力，繼續經營，當年實現銷售收入 1.9億元，繳納稅金 920 萬元。

（三）人員跳槽：2009 年 3 月 20 日，公司聘請的總經理一夥人突然離去，公司的老員工品質部長，財務會計師同時離去。公司高級技術顧問也撤出，並企圖扼殺我公司的渦噴車技術和市場。鑒於此，公司迅速調整了管理團隊，牢牢把握大方向，經過全公司員工的努力拼搏，2009 年實現銷售收入 1.97 億元，繳納稅金 930 萬元。

（四）產品品質缺陷：近年公司產品品質屢遭顧客抱怨、投訴，其中一次是河北省衡水支隊的 A 類泡沫車在邯鄲比賽中失靈，正遇到消防局戰訓處檢查，被網上通報。公司總經理委託一業務經理快速請山東省一位消防幹部找高層疏通，化險為夷。還有一次，大慶油田管局消防支隊一輛渦噴車品質缺陷，遭同行人舉報，公安部北京評定中心命將此車 3C 證書收回。公司總經理速趕到京，找高層說明情況，被收回的證書很快寄回給公司，又是一次化險為夷。

（五）火災：2006 年冬季，由於油漆工在噴漆房長時間開燃油加熱機睡覺，造成噴漆房失火，燒毀一輛軍用消防車和噴塗設備，損失慘重，影響巨大。

（六）雪災：2008 年春節前，大雪壓垮了一生產車間，影響生產進度。

上述幾次大的風險，（一）、（四）兩次是違背政府主管部門制定的法規，（二）是政治鬥爭、反腐敗的需要企業配合，且明光諸多企業老闆接受調查。（三）是聘用的人員品質問題，而且他們離去是

件好事，理順了諸多環節。

五年間，公司遭遇六次大的風險教訓是深刻的。

首先，必須遵從國家法規從事經營活動，違反政府政策、法律、法令的事情不能幹；

其次，一定要十分重視抓產品品質和售後服務，盡最大力量建好邊遠地區服務站；

再者，公司高管成員要把顧客滿意放在公司各項工作的首位，做到「融世界，創未來！」另外，要巧妙的建立同行攜手共贏，減少或避免同業者之間惡意競爭，最後兩敗俱傷。尤為重要的是優化公司和北京高層之關係，獲得關鍵部門和關鍵領導的理解、信任和支持。

孔子曰：「德不孤，必有鄰。」[1]

▤ 公司管理經營篇

浩淼公司「十二五」發展戰略創新之思考（之一）
—— 家族股權制

創新公司股權管理模式：目前公司係家族企業，股東五人係父子（女）關係，經營過程瓶頸多多，且溝通經常受阻，意見不一，嚴重影響企業發展。所以，要認真改變獨家經營之狀況，可適量增資擴股，突破家族企業瓶頸，成立新股份公司股東會、董事會、監事會，

1　《論語・里仁》，頁39。

制定管理章程，規範管理制度，制約管理行為。

公司擬聘請權威審計單位，對原家族企業新廠區資產進行審計，確定資產總值，評定原股東市值，作為擴股之依據。

原股東成員倪軍需繼續控股，有選擇吸收公司內部和外部新股東若干名，增資幅度可為 1500 至 2000 萬元，用於擴大再生產。新增股東可參加股東大會，依據公司章程享有知情權、話語權、表決權。

原股東可在近期研究擴股有關事宜，形成共識，作出決定，並確定專人負責此項工作。

聘請上市包裝公司做資本運作工作，積極穩妥地籌畫準備上市。

子路問：「聞斯行諸？」孔子曰：「有父兄在，如之何其聞斯行之！」[2]

合資經營戰略思考：

為徹底改變家族式經營模式，首先應認真研究合資經營我方所要達到的目的，而後再探討合資經營方案。

合資目的：

(一) 增強實力，擴大經營。這個目的能否實現？目前我們公司瓶頸主要是技術力量短缺，制約產品研發、生產工藝水準提高，競爭力不強。突破這一瓶頸要積極聘請技術擔綱者，同時抓緊培

2　《論語・先進》，頁118。

養在職技術人員（含大學生）。和江淮公司合資，能得到技術上的支持，但即使江淮派出技術人員，也未設計過消防車，仍然一時無法解決難題。

(二) 一旦和江淮合資後，對方勢必要積極用江淮底盤生產消防車，以增加他們的銷售量。而另選底盤研製新車，至少要 120 天或更長時間，即便一個季度退出新產品，市場顧客是否馬上認可？其結果必將出現市場危機。

(三) 江淮公司用上市公司同我們合資，其目的是提高他們的信譽度，增加市值，所得利潤我們望而興歎，合資公司無利可得也。

(四) 全國每年購買消防車大約在 4000 輛左右，而目前國內有 40 多家企業生產消防車，每個企業平均只有 100 輛的銷售市場。既便我們合資了，產量能增加多少？銷售市場能擴大多少？都是未知數。市場絕不可能被少數公司壟斷的。

(五) 合資為了規避風險。只要市場經濟存在一天，經營風險就不會斷根。合資後，如對方控股，只是經營風險轉嫁罷了。承擔奉獻者變換了。

方案 2：

(一) 如一定要與江淮公司合資，初始階段可由我方控股，倪軍繼續擔任公司董事長，公司可出讓 15 至 20 股權，共同經營消防車業務；

(二) 建議明光市政府出面要求江淮公司在本地建立專用車底盤研發生產基地，我方可參股不控股。此方案對本地經濟發展大有益

處，應和政府市長和省經信廳相關領導充分說明。

（三）如果上述兩點都不能實現，原股東出讓 15 至 20 股權，可有選擇地尋求合作夥伴，增資 2000 萬元左右，既要考慮公司內部相關人員參股，培養一批有產者，也要選擇外部股東。

（四）公司原股東可自願讓出部分或全部股權，亦可不出讓。合資後股權多者為控股人，擔任合資公司董事長、法人代表，重新成立合資公司董事會、監事會，制定公司章程，高管執行團隊應保持穩定。

（五）公司可召開部分專家顧問座談會，聽取意見、建議。廣泛聽取不同見解，分析利弊，形成共識，以利決策的科學性。

有子曰：「君子務本，本立而道生。」[3]

浩淼公司「十二五」發展戰略創新之思考（之二）
——加快技術創新

加快新產品研發步伐，把公司研發中心和國際貿易部設在北京，充分利用首都相關高層智力資源，為公司發展出謀獻策。

近期內，公司高管團隊應集中精力抓好已有產品技術升級，尤其是製造工藝品質，方便顧客使用。對已出售的車輛要加強售後服務，只有這樣做，才能鞏固老市場、老客戶，為近 1 至 2 年公司提供資金保障。

公司近兩年研發的幾個新產品，要盡快制定標準，增加必須的生

3　《論語・學而》，頁 2。

產設備，確保產品品質。並指派專人和國家消防產品品質監督檢驗中心聯繫，做定型檢驗，申報目錄和 3C 證書。

明年是「十二五」計劃開局之年，公司應著重抓好幾個具有核心競爭力的項目：

三項射流消防車；

18m\25m 高噴車：飛機除冰、石油化工油罐區消防滅火專用等；

15—30—40—50 萬立排煙細水霧滅火機器人系列；

反恐防暴機器人系列專案；

森林消防機器人系列產品；

渦噴車須設法降低能耗，減少排放，以減輕對環境的污染，以免受國家政策制約；

泵公司要不斷提高 20、30、40、60、80、110 型水泵使用性能的穩定性，安全性，確保品質；引進消化西格那雙級消防泵技術，加速研發進程；各型泵的管路及壓力平衡系統、智慧作業系統應抓緊配套，提高公司產品的競爭力。

12.5 人才戰略：積極、大膽引進高端技術人才，不惜花重金聘請技術專家擔綱新產品研發；抓緊培訓公司在職技術設計人員。對技術人才不要求全責備，要充分發揮他們的業務專長，

「苟日新，日日新，又日新」。[4]

浩淼公司「十二五」發展戰略創新之思考（之三）
——創新經營銷售管理模式

「十一五」公司銷售經營工作取得了巨大成績，五年共實現銷售額達到 7.8 億元。年銷售增長率達 30%，這應歸功於市場部全體業務人員的辛勤工作。

「十一五」公司市場部基本上採取分片區負責的銷售方式，這樣做的好處是有利於人際關係的穩固。中國市場銷售幾乎是靠「人脈」維繫買賣雙方的交往。

分片區負責銷售有利也有弊，業務員各自為政，個人操作，公司幾乎失控。一名業務人員「跳槽」，就失去一片客戶，隨之失去一部分公司利益。

所以，創新銷售模式應是公司當務之急。我建議可試行以下方案：

市場部可重新劃分幾大片區，每一片區有一名公司高管幹部擔任片區經理，原片區業務骨幹可擔任副經理，另指派得力的售後服務技師參加銷售，組成片區團隊，以規避風險。

省級及中石油、中石化、中核電等單位招標一律由公司相關高管

4　王國軒等譯注：《四書‧大學‧康告》（北京市：中華書局，2008 年 1 月），頁106。

親自操作；地市、縣級招標可由片區副經理負責。

為確保中標車輛百分之百地符合顧客要求，應規範合同評審、技術工藝要求、材料配置準確、輸出表格審查把關、表述明確精準、製造過程嚴格品質檢驗。相關銷售經理應對各自所簽合同車輛全過程監視，發現問題及時溝通、糾正，以避免車輛臨近出廠問題多多，影響按時交付。

抓緊組建國際市場部；

抓緊培養銷售工程師團隊和售後服務團隊，完善大慶、瀋陽、內蒙、西安、青海、昆明等地服務站；

完善業務員薪酬待遇及銷售費用結算規章制度。

以上幾點思考意見不一定精準，可供高管諸君研究、修改、完善，編制新的市場部銷售工作方案

孔子曰：「君子食無求飽，居無求安，敏於事而慎於言，就有道而正矣，可謂好學也已。」[5]

「十二五」公司發展戰略創新之思考（之四）
—積極預防天災、人禍帶來的經營風險

謹慎謀劃正確發展戰略：戰略好比下棋，俗話說，「一旗不慎，全盤皆輸。」公司高層要做戰略家，時時要保持清醒頭腦，事事做到「慎於言，敏於行。」

5　《論語‧學而》，頁8。

合資、合作戰略風險：合資、合作戰略決策正確與否，對一個企業的生存、發展非常重要。

案例：上海消防器材總廠原是公安部屬企業，1990年與外國合資，成立格拉曼國際消防裝備公司。當時，上消總廠出讓了部分股權，外資只占15%，中方控股，首任總經理是劉志毅先生。他們合資後，上消總廠喪失了品牌，且與格拉曼公司產生許多矛盾。為擺脫困境，上消總廠總經理孫映初先生，通過北京環島公司的高吾平先生（原公安部消管辦總經理），硬把上海震旦消防機械總廠拉到一塊，由孫映初先生出任總經理。由於兩個企業文化不同，又產生許多矛盾。工人反映強烈，孫映初先生被免職調查，上消總廠一片混亂，無錢開支，靠做些散件出售，維繫生計。

後來，格拉曼公司和震旦公司均被上電集團並購，經營大權旁落。原消防精英們無話語權。這就是消防業內公有制企業合資不成功的典型案例。

市場經營風險

違規回扣風險：由於官場腐敗，給企業經營帶來了巨大的風險。如何應對？若遇一處「翻船」，將危及企業法人代表和經辦者的人身安全，輕則個別人受法律制裁，重則企業被迫關門停產。

產品品質風險：顧客抱怨、投訴，企業受政府品質控制部門通報，失去某些市場，必將產生危機。

銷售人員「跳槽」風險：本公司已有教訓。如何制定有力的市場

控制策略？公司高層應認真研究。

人身、財產安全風險：自然災害、瘟疫、嚴重工傷事故、大火災害等都會給企業帶來不堪設想的嚴重後果。

政府管制風險：金融危機，銀根抽緊，採購壓縮，需求減少。一旦出現上述情況，企業競爭會更加激烈。

產品技術風險：公司不重視技術創新，產品使用價值不能滿足顧客需求，不被市場認可，勢必給企業帶來陰影。產品無銷路，公司無資金，工人無收入，人心浮動，企業必然倒閉破產。

公司領導層風險：領導團隊就是生產力，而且是第一生產力。「班子」團隊成員一旦頻繁更替，必然出現混亂，危機也隨之出現。

以上預測的經營風險，有外部因素，有內部原因，往往內外交織，互相影響。所以，企業決策者們必須積極、主動預防各種風險，如果某種風險一旦出現，不能驚慌失措，及時採取積極應對措施，化解危機，轉危為安。

財務資金風險：公司資金財務是公司的命脈。投資人（國家或個人）開工廠、辦公司的目的是獲得效益和利潤，利潤是做正確的事、嚴格程序控制的結果。一旦公司財務資金出現瓶頸，必將威脅公司的經營。

案例：據說國內蘇州某公司一財務主管卷走該企業 300 萬元資金到上海開廠，該公司老闆卻不敢報警，其中可能有隱情。此案例警示

公司投資人用人之道之重要，尤其是財務人員的品質。另在財務資金管理上制度控制必須嚴謹。出納掌握現金，財務專用章必須由可信者保管，且嚴控使用程序。

孔子曰：「人無遠慮，必有近憂。」[6]

曾子曰：「詩云：『戰戰兢兢，如臨深淵，如履薄冰』。」[7]

傑克‧韋爾奇說：「對領導者來說，危機常常是自己職場生涯中最痛苦、最令人煩惱的經歷。」「最主要的一點是，解決危機要求領導者有絕好的平衡能力。」[8]

「十二五」浩淼公司資源戰略之思考（之五）
——科學使用公司物質資源

有效使用生產廠房資源：

新廠區生產車間佈局基本成型，且較為合理，只是各車間內部生產流程需規範，工藝標準需精確、具體、科學，生產工具及材料擺放需定位，且要配齊各種臺架並標識明顯。

各車間辦公室應規範管理，配齊工藝員、質檢員、統計員、安全員，崗位職責科學，制度具體明白。（可兼職）

老廠區一部分車間出租，目前仍有下面三聯跨車間近 1000 平方

6　《論語‧魏靈公》，頁 178。

7　《論語‧泰伯》，頁 79。

8　《贏‧危機管理‧千萬不可坐以待斃》（北京市：中信出版社，2007 年 9 月）頁 134。

公尺可以有效使用，內有兩臺行車，配有庫房數十平方公尺，可安排防暴車項目部或其它車輛在該車間生產加工。

老廠原二、三層辦公樓已改造維修成寢室，已安排防爆技術工程師入住，有大部分空房可安排住宿大學生或工人；一層可改造兩個家庭住宿。

老廠區原財務辦公室一排房子，目前只住泵公司兩名工人，空餘較多，且有一套房間衛生間齊全，可安排帶家屬的技術工程師使用。另還可改造裝修三套住房，以備公司使用。

老廠區原檢測線應調給泵公司使用，以加強泵的檢測過程，便於控制泵的品質。

老廠區原噴塗車間已出租近一半，目前仍有西頭五間空閒，可開兩個大門，分割出租

新區機加工車間南門前水泥地平可先建車間，延伸到檢測房，形成整體，便於使用。

新廠區後來征用的 70 畝土地，應納入 2011 年規劃，待權威部門對蓄電池廠環保評估後，如無礙周邊人身安全，可籌建兩至四棟車間、成品庫、底盤及實驗設施等，以滿足「十二五」公司擴大再生產的需要，同時避免受到政府制裁。

公司應加強對設備、辦公車輛、辦公用品的管理，凡報廢設備、車輛、辦公用品（如電腦、影印機、打字機等）應履行報批程序，或

以舊換新，或變賣入帳。

借用物質資源：我市高級職業中學新購進一批全新設備，我們公司完全可以借用之，以減少固定資產的投入。

以上思考意見請公司股東和高層執行團隊認真研究，分步實施。

孔子曰：「人能鉅集道，非道鉅集人。」[9]

子謂衛公子荊：「善居室，始有，曰『苟合矣。』少有，曰：『苟完矣。』富有，曰：『苟美矣。』」[10]

浩淼公司「十二五」發展戰略創新之思考（之六）
——建立和諧、高效的管理團隊

建和諧團隊：

高管團隊是公司關鍵生產力，是推動公司生產力向前發展的母動力。只有理順人際關係，才能充分調動眾人的積極性，才能實現和諧發展，「與時偕進。」[11]

孔子曰：「君子周而不比，小人比而不周。」[12]團隊每位成員應善於團結眾人，做到合群，用道義團結眾人。主要領導無最好的朋友，也無最壞的朋友，對員工無親疏之分。

9　《論語・魏靈公》，頁175。
10　《論語・子路》，頁139
11　《周易》
12　《論語・為政》，頁15。

孔子曰：「為政以德，譬如北辰居其所而眾星共之。」[13]公司高管幹部要用良好的道德感化、教育員工，「臨之以莊」，才能讓廣大員工緊密圍繞在自己的周圍。「德不孤，必有鄰。」[14]

孔子曰：「君使臣以禮，臣事君以忠。」[15]

高管幹部一定要尊重員工，讓員工有大聲說話的權利，充分表達各種訴求。

高管幹部要做到尊重員工，時時注意自己的言語舉止，讓員工有親切感，溫暖感，員工才能對「君以忠。」

孔子曰：「恭而無禮則勞，慎而無禮則葸，勇而無禮則亂，直而無禮則絞。」[16]

高管幹部要努力領悟「中庸之為德也。」言行做到「不過」、「不及。」切勿用語言傷及他人，導致裂痕產生，影響公司不和諧。

「子絕四：毋意，毋必，毋固，毋我。」[17]

高管成員之間要謹記孔子之教誨，做到「四毋」，不主觀臆斷，不剛愎自用，團隊成員之間做到坦誠溝通、主動溝通、及時溝通、和諧溝通，遇到瓶頸不要梗塞，不要推卸，更不要指責。這幾點應是考量高管幹部個人修養的重要內容。

---

13 《論語・為政》，頁 10。
14 《論語・里仁》，頁 39。
15 《論語・八佾》，頁 27。
16 《論語・泰伯》，頁 78。
17 《論語・子罕》，頁 88。

和諧是公司有序前進的重要保障。只有和諧，才能穩定、安心，才能心往一處想，勁往一處使。

建高效團隊。

「季文子三思而後行。」子聞之，曰：「再，斯可矣。」[18]

決策者思考問題切勿優柔寡斷，過于謹慎，當行則行，牢牢把握商機，才能成就大業。

季康子問：仲由、子貢、冉求「可使從政也與？」孔子曰：「由也果，……賜也達，……求也藝，於從政乎何有？」[19]

公司高管幹部們辦事要果斷，處理問題要通達事理，要講究工作藝術和方法。

孔子曰：「君子訥於言而敏於行。」[20]

公司高管們應「訥於言而敏於行。」不言空話、大話、假話，更勿說佞語狂言。反映要敏捷，辦事勿拖延。「拖延導至平庸，行動成就未來。」

孔子曰：「君子有九思：視思明，聽思聰，色思溫，貌思恭，言思忠，事思難，疑思問，見得思義。」[21]

18　《論語·公冶長》，頁48、49。
19　《論語·雍也》，頁56。
20　《論語·里仁》，頁39。
21　《論語·季氏》，頁184。

公司高管幹部要領悟聖人「九思」之教誨，提高觀察力、思考力、判斷力、決策力、控制力、執行力，公司就會無往而不勝也！

浩淼公司「十二五」發展戰略創新之思考（之七）
——產品定價策略

公司所有經營活動都是圍繞產品和服務展開的。只有通過銷售產品即商品，才能實現公司價值和經營目標，獲得效益。

產品定價要制定定價目標：有利於鞏固公司市場佔有率，有利於增加銷售額，有利於阻止競爭對手進入同一市場，有利於提升企業形象和地位，有利於多贏，有利於公司發展。

制定產品價格應精確計算 3C—成本（cost）

固定成本（fxed cost）：原材料採購價格、運輸費用、倉儲費用、物損、工人工資、檢測試車費用、返工費用保管費用、水電費用、機械設備折舊費用、房屋維修費用、銀行利息、車間管理費用。

變動成本（varialeV cost）：銷售費用，（廣告傳媒、樣張、座談會、展會、招待費、禮品費、車旅費、送車費、辦公費、投標費用、隱蔽費用、售後服務費等。）管理費用，（管理幹部工資、獎金、福利、車旅費、會務費、通訊費、書報費、辦公費、交通費、住房費、培訓費、保安勤雜費、綠化費、辦公室水電費、法律訴訟費等。）技術研發費用，（技術人員工資、獎金、福利、辦公費、新產品試製及定型試驗認證費用、專利維護費用等。）稅金（國稅、地稅。），社會捐助費用。

總成本（toal cost）tc=fc+vc

產品定價必須依據上述成本逐項核算，尤其是固定成本一定要精準統計核算，切勿草率馬虎。變動成本亦應力求精準統計核算，不能粗略估算。

公司總會計師或財務成本科長是公司產品定價的責任者，全權負責組織指導成本會計，精確統計核算公司產品的固定成本和變動成本，並簽字確認後報投資人或總經理批准執行。

市場部長和相關業務經理應參與投標產品報價，堅持「六個有利於」，把公司利益／顧客利益放在首位，業務提成應透明，不得損人利己，違反社會公德。貪占他人利益者後果自負。

總會計師／成本會計要努力學習市場行銷新理論，不斷提高業務能力，積極探尋產品定價的新策略，科學定價，規範報價，競爭取勝。

子張問政。孔子曰：「居之無倦。行之以忠。」[22]

浩淼公司「十二五」發展戰略創新之思考（之八）
——提高產品品質之方略

產品品質之衡量判定標準：

國家或行業指定的法規、標準，是企業技術研發、設計的依據，必須認真學習、領會，不能違規設計；即使研發創新，亦應依據國家

---

22 《論語・顏淵》，頁131。

相關法規、相關標準進行創新。

企業產品標準，應 100%的符合國、行標，在此前提下創新企標，並履行備案手續。

產品 100%符合國家法規項，同時應盡力滿足顧客使用技術、工藝要求，這是設計產品不可或缺的內容。

產品品質之保障

設計品質是基礎。比如造房子要堅固、美觀、實用，由設計者精心切磋琢磨，出圖紙和工藝要求，指導施工建造，做消防車亦然也。

生產部門是關鍵。好的產品是一線工人生產出來的，只有用對人才能做對事，才能做正確的事。好產品品質是具有高素質的工人做出來的。

原材料品質不可忽視。採購是生產過程一個非常重要的環節，必須依據技術要求採購，且不可只講低價而忽視品質。

控制生產全過程，十分注意每個細節，堅持「三檢」制，突出自檢為主，互檢並用，總檢合格方可銷售。

立產品品質獎罰制度。孔子曰「齊之以刑，民免而無恥。齊之以禮，有恥且格。」公司一定要做到獎優罰劣，獎勤罰懶。「舉直錯諸枉，能使枉者直」。「舉枉錯者直，能使直者枉」。

「禮」即規範、標準、規章、制度、紀律，它是公司文化建設的

重要組成部分。無「禮」之企業，一定是個短命公司。當今之國人達不到「無為而治」之道德修養。

「詩曰：『如切如磋，如琢如磨。』」。[23]

附件 1——機場飛機除冰技術設計要點
（申請實用新型、發明專利）

1 每到冬季雨雪天氣，北方機場飛機受冰雪影響，機翼、機身均被大雪覆蓋，並結冰，影響飛機正常起飛航行。

2 我國北方機場為解決飛機除冰雪難題，化重金購買外國除冰雪設備。且維修困難。

3 為此，我們設計經濟適用新型機場飛機除冰雪裝置。

（1）載體為水罐高噴消防車；
（2）設計一燃油加熱裝置；
（3）一根水罐連接水罐；
（4）閥門控制，開啟進水閥門涼水進入燃油熱箱；
（5）打開加溫油門，可使涼水很快升溫至 60 度以上；
（6）出水管連接在在 18——32m 曲臂頂端；
（7）安裝一支多功能噴槍；
（8）裝一隻攝像頭；
（9）操作人員站在地面舉升曲臂超過飛機高度；
（10）打開熱水管路閥門；
（11）熱水進入多功能水槍後即可對機翼、機身噴出熱水除去冰

---

23 《論語·學而》，頁 8。

雪。操作人員通過顯示幕，可清楚觀察作業效果。

附件 2——2011 年經營計劃目標的意見（公司股東會）

1 經濟目標：產值 2.6 億元、實現銷售收入 2.5 億元（含稅）、實現毛利率 40%、實現利稅 4200 萬元、一線工人收入增長 10%（2010 年人均收入為基數）。

2 貨款回籠控制目標：60 至 70 天。

3 直接成本及管理費用控制目標：下降 2%（2010 年為基數）。

4 銷售費用控制目標：當年實現銷售額的 2%左右（指公司領導銷售費用：宣傳廣告、公司領導招待、座談會，走訪、禮品等。）

5 售後費用下降 5%（2010 年基數）。

6 交貨時間控制目標：履行合同工期率 95%。

7 產品合格率控制目標：法規項合格率 100%，非法規項合格率 95%。

8 新產品研發專案目標：3 至 5 個（國內領先水準），申請發明專利 2 至 4 個。技術研發投入——銷售額 5 至 7%左右。（技術部工資、專家津貼、試制、檢測、公告、3C、研發座談會等。）

9 安全文明生產目標：無重大設備及工傷事故 無火災 無人為違規交通事故。

10 開拓國際市場目標：出口 15 至 20 輛。

11 固定資產投資：450 萬元左右。重點裝備高噴車專案生產線。（不含基建工程項目。）

以上經營目標經公司董事會討論修訂後，作為公司股東會、董事會考覈總經理團隊工作業績之內容，並與年終獎勵掛鉤。

附件 3──當前公司經營工作幾點意見──公司一季度經營總結會議上的發言

1 孔子曰：「人無遠慮，必有近憂。」──內憂與外憂

2 建立預防經營風險機制：──

（1）董事會可增設專家顧問委員會，制定章程，明確職責，對公司重大決策提出諮詢、質疑和意見建議。

（2）加強法律顧問工作，可設立法務辦公室，負責公司經營合同的起草，報審、監督執行。

（3）加強法制、法律、法規普及教育;尤其是公司品質體系檔、標準化檔、工藝檔、各項規章制度的宣傳、貫徹、考評、激勵，對每一位員工「齊之以禮，有恥且格。」

3 兩個市場齊抓──積極開拓國際市場。

（1）認真分析國內市場;落實公司總經理團隊要求。

（2）快速組建國際市場團隊，高管幹部中要有一名副總主抓此項工作。力爭實現 15──20 輛出口計劃指標。

4 加強綜合成本控制。

（1）產品直接成本計算;

（2）間接成本計劃控制;

（3）緊盯邊際效益目標──40%左右（平均數）;

（4）工資、獎金、福利等薪酬預算，結算、發放。

5 科技新專案：

（1）防暴車系列

（2）高噴車——特色、差異化、反大眾化；生產線二季度內完成；新技術新工藝；

（3）油庫灌區履帶消防車——二季度？

（4）森林消防車——？

（5）資源科學配置——激勵措施；

6 新區二期工程——總經辦、規劃部協同逐項做：

（1）規劃申報——4 月完成。

（2）修路——5 月初施工。

（3）底盤庫、成品——6 月施工。

（4）實驗場，壩、隧道——6 月施工。

（5）車間設計、預算——5 月招標。

（6）公寓設計、預算——5 月招標。

附件 4——關於成立明光浩淼消防科技公司
專家顧問委員會的意見

（討論稿）

1 目的意義：集專家之智慧，為本公司戰略發展獻計獻策，經研究正式成立專家顧問委員會。

2 專家顧問須有技術專家和企業管理專家組成，任期 1—3 年。

3 凡受聘在我公司擔任專家顧問者，不得同時在國內同行業企業兼任顧問。

4 專家顧問委員會作為本公司董事會的諮詢組織，對本公司戰略

發展規劃提出諮詢、質疑、意見和建議，為本公司董事會重大決策提供參考依據。

5 專家顧問委員會目前一般可由 5—7 人組成，選舉或由董事會推薦主任 1 名，副主任 1—2 名，專家均由本公司頒發正式聘書。

6 專家顧問薪酬由董事會研究，在徵求專家個人意見後，明確年薪；年終獎金視本公司效益由董事會研究決定。

7 專家一般不要求常駐本公司，如有重大技術開發項目需集中時間研究、實施，或組織考察、調研，需請相關專家予以支持。

8 專家來公司可乘飛機、火車，憑票實報；住宿吃飯有公司總經辦負責安排。

9 專家顧問須為本公司保密。

10 未盡事宜待定。

2011 年 4 月 3 日

附件 5——當前公司發展戰略幾點意見

在北京專家座談會上的發言

孔子曰：「人無遠慮，必有近憂。」[24]

1 如何進行公司發展戰略分析——

（1）緊緊圍繞本公司產品進行戰略分析

本公司產品競爭優勢、劣勢分析——國內國際消防裝備市場需求那些產品？浩淼公司現有哪些產品？最具競爭力的

---

24 《論語·衛靈公》，頁171。

有哪幾個產品？附加值較高的產品有那幾個？產品劣勢在哪些方面？──只有用優質產品服務於顧客，才能忠誠於顧客，博弈取勝！

（2）博弈戰略分析──知己與知彼。本公司與國內消防車生產同行業企業資源實力分析：──規模、團隊、技術、產品、市場、業績等，優勢與劣勢。──知己不知彼、知彼不知己、既不知己也不知彼、既知己也知彼。企業領導者要不時研究在位者與進入者之間的博弈，設法阻止進入者。循序孔子之教誨，做到「九思」，才能制勝！

2 緊緊圍繞公司產品服務品質進行分析

（1）服務組織模式──服務站建設

（2）服務標準、規範──

（3）服務人員素質及提升──

（4）服務保障──通過服務品質分析，真正做到忠誠於顧客，鞏固市場，黏住用戶──「兩面膠」效應。

3 企業戰略目標實施分析──當前公司總經理高管團隊是否可從三個方面實施：

（1）集中公司大部分資源抓好產品產量、品質──可由一位副總（或助理）主抓，技術工藝科、生產部、品質部等通力配合，自動自發、積極創新，多出套路。

（2）快速成立北京研發機構──以北京為依靠，抓住天時、地力、人和之有利時機，充分利用各方資源，為參加明年兩個大型展覽會議，謀高端、高質、高新專案設計新展品。

（3）銷售工作——盡快確定片區經理人，組織培訓，提高素質和博弈技巧，認真分析國內市場競爭形勢，精細研究鞏固老市場，黏住老顧客，有序開拓新市場。

同時必須積極開拓國際市場。可在北京成立國際貿易部，招聘精鍊業務人員，培訓後獨立運作，要下決心走出去。可多方諮詢、尋找出口管道，逐步打開國際市場銷售管道。

附件六——關於籌建浩淼北京研發機構的思考意見

1 為了實現公司「十二五」發展戰略目標，大力研發高端消防裝備新技術新產品，增強公司長遠競爭制勝力，必須實施「走出去」發展戰略。

2 北京是中國的政治、經濟、文化中心，各種高端人才薈萃，先進技術信息流量大，商機多。經過反覆切磋思考，我意可在在北京籌建浩淼研發機構。

3 研發機構擬由浩淼公司董事長倪軍擔任主任，擬聘請郭剛建高級工程師擔任常務副主任，倪紅豔博士擔任副主任兼翻譯；聘請劉玉身教授擔任首席技術專家，聘請倪世和先生擔任首席企業管理專家。另可聘請石年仁、許鋒、錢寶貴、王澤平等相關專家加盟，指導新專案研發和公司戰略發展。

4 研發機構擬內設市場、技術等微型職能部門。可從明光浩淼公司技術部門選調少量技術設計工程師，標準化工程師，參加市場調研、考察、立項、編制專案實施計劃書等系列工作。

5 北京研發機構研發經費和專家顧問薪酬可納入明光浩淼公司年度預算，試行包幹制。研發經費由北京研發機構專人管理、計

劃支付。

6 北京研發機構在董事長的領導下，獨立工作，和明光浩淼公司
領導團隊保持密切溝通。宗旨是積極為明光浩淼公司開發新專
案，研究新產品。

附件 7——關於研製履帶坦克車底盤的思考意見

1 研製履帶底盤是個具有市場前景的好項目，我公司可納入新產
品研發計劃。

2 國內生產履帶式工程車的企業很多，可上網搜尋國家相關政策
法規，國內目前生產履帶車的企業名稱、產品類型、市場價
格。

3 公司可成立底盤研發專案組，做市場調查分析，然後請專家們
進行可行性論證。

4 大慶油田油罐高噴車項目可先和巢湖兵工廠或符合生產條件的
企業洽談合作，購買成熟底盤，進行改裝，摸索經驗，待首輛
履帶 25m 高噴車研製成功，再認真進行 SWTO 分析，做出戰
略決策。另可和巢湖兵工廠簽訂戰略合作協定，以利於進入部
隊總裝消防車採購。

5 此專案可擇機向地方政府彙報，爭取政策支持。

四 企業危機管理篇

企業危機及化解方法

（2011 年 4 月）

（一）孔子化危為機

> 孔子曰：「天生德於予。桓魋其如予何？」[25]

孔子出生於魯國。由於受到魯國權臣的多年嫉妒與排擠，一生求仕不得。後又見到魯國君之腐敗，三家專權，孔子 55 歲率眾弟子周遊列國。孔子 58 歲居衛，後去衛，過曹，自曹適宋，見宋國權臣司馬桓魋強迫勞工做石槨，三年不成，勞民傷財，工匠皆病。孔子愀然曰：若是其靡也，死不如速朽之愈也。桓魋惡之，見孔子與弟子習禮於大樹下，桓魋派人拔樹欲加害於孔子。此時，孔子十分鎮定自若，換微服而去。眾弟子速行，避免了一場災難。孔子告誡弟子們說：上天把先人優秀的品德賦予了我，有我傳承下去，桓魋又能把我怎麼樣呢？從孔子此次化危為機可以看出，遇到危機降臨，一方面須保持鎮定與清醒，且勿自亂手腳；並且孔子立即換微服而去，桓魋難以辨認也。孔子及弟子們得以脫險也。好人必有好報焉！

（二）我所在公司曾經發生過兩次職工死亡事件

1 早在 1999 年 7 月的一天上午，公司所在地明光火車站附近發現一具死者屍體，經初步查看死者是我們廠的採購員貢 xx。接到其死亡信息，企業為應對死者親屬來廠鬧事，立即研究成立治喪小組，由企業工會主席任組長，選派 6 名員工參加。當時企業領導人與治喪小組共同研究並提如下意見：

---

25 程昌明譯注：《論語‧述而》（太原市：山西古籍出版社，2001 年 6 月），頁72。

第一 貢 xx 屬因公出差意外死亡，且死在明光火車站內，車站應當承擔相應責任；

第二 當時企業屬於職業高中校開工廠，校長是企業老闆，死者的親哥哥是該校教師，所以學校亦應組織人員處理喪事；利用死者的親哥哥之關係做好其父母親思想工作。

第三 企業治喪小組負責接待死者親屬食宿安排，並選派死者同學負責安慰其父母。又因死者父親是農村小學教師，所以市教育局領導也派人做其父親思想工作。

由於企業領導者充分利用上述條件，分別做死者親屬工作，在一周裏就把此次命案處理結束，最後歸結到撫恤金、喪葬費標準，均依據國家勞動部相關規定標準執行。

我們企業處理貢 xx 死亡案的方法，其實是運用艾學蛟教授處理危機的分割理論，不過當時我們不知道有此理論也。

2 2002 年 5 月一天上午 9 時左右，工廠檢驗科檢驗員李繼波發現水泵實驗室一名年僅 30 出頭的女職工李 x 睡在地上，口吐白沫，生命非常危險，企業立即用車送往市中醫院，並通知其老公。同時派人保護現場。送到醫院急診科組織搶救，由於死者喝了種子公司倉庫裏的殺蟲藥過量，不到 20 分鐘搶救無效死亡。

當時，我作為企業廠長在辦公室裏未出門，等待醫院搶救情況，當得知死亡消息後，立即向市公安局作了報告，公安局即派員來廠勘察現場，等待調查結論。

經過醫院確認：李○係喝藥結束自己年輕的生命。李○為何要死？經公安局辦案人員仔細調查，李○在幾天前就曾和同科室檢驗員李芳說過：家庭夫妻經常吵架、打鬧，不如死掉算了……。其父母也證實他們夫妻關係多年不好。李某喝藥的頭天晚上在朋友家打麻將到次晨 3 點鐘才回家，其老公又和其吵架，直到天亮。

當日上班之前，李○到她老公所在單位種子公司倉庫，找保管員要殺蟲藥，據保管員說未給她，因其老公是種子公司的司機，她和保管員平時很熟悉，她乘保管員不注意拿了三瓶殺蟲藥劑帶到工廠，乘人不注意喝下藥劑，不治身亡。

事情發生後，企業領導人認真思考，做出如下安排：

第一 請公安局勘察現場，確認李○係自殺，非他殺；

第二 公安局調查其自殺原因，是夫妻長期不和打鬧，使其產生輕生念頭，與企業沒有因果聯繫。

第三 藥是李○從種子公司倉庫裏偷出來的，種子公司及保管員要承擔一定責任；

第四 李○父母均是教師，且其父是職業高中的總務主任，而我們企業屬職高的校辦企業，故請校長親自處理喪葬、撫恤等事情；

第五 企業成立治喪小組，仍由工會主席任組長。企業領導和中資公司經理親自安慰死者父母；校長出面找其父親交談，喪事處理均依據國家勞動部相關規定標準執行。

第六 為不影響我們企業正常生產，靈堂在設種子公司大院，企業安排數名員工守靈。

李〇死亡案的處理，其實也是運用了化解之方法，達到非常好的效果。

（三）子曰：「人無遠慮，必有近憂。」[26]

孔子之意是說：人需有危機意識，故須遠慮，以防近憂。尤其是企業領導者一定要有危機感，要制定預防危機的方案，當下人們稱之為預案。要把預防危機放在企業管理工作的重要位置。

（四）企業危機大概有兩個主要方面：

第一、天災——自然災害；地震、火災、海嘯、核洩漏、暴雨、泥石流、暴風雪等；

第二、人禍——主要有以下幾種：

1 產品品質重大問題，導致企業破產，領導坐牢；
2 違規經營，致使企業停產或關閉；
3 關鍵人員「跳槽」，財務捲走資金；
4 市場潛規則，一地「翻船」，可能招致企業遭受重創；
5 企業無明確的發展戰略，領導不力，亦會導致企業經營不善。
6 火災、失盜及工傷事故。等等。

其實先哲們對化解危機或風險早有非常精闢地論述，如《孫子兵法》一書，實乃中國古代戰爭的一部天書。如何不戰而屈人之兵？如

26　程昌明譯注：《論語·衛靈公》，頁171。

何以虞知不虞？如何利用地勢巧計取勝？其中既有預防戰爭風險或危機，也有戰法取勝之道。如若只講「切割」，吾覺得不夠全面，應強調企業領導者如何預防危機，規避風險為主。企業領導者遇到危機發生，考慮如何處置和化解？以減輕企業風險所造成的損失。而「切割」是指危機已經發生了之後，化解危機所運用的方法。而且不是所有的危機都能用「切割」化解掉的，如目前利比亞危機，聯合國安理會決議失靈，美國幕前幕後，北約直接轟炸政府軍，支持反政府武裝。這個國家危機如何去「切割」呢？

（五）再談企業危機管理

1 公司開展危機管理論壇取得的成果：

　(1) 提高認識：必要性、緊迫性、生存與競爭取勝，企業利益共同體……。

　(2) 行動初見成效：持續改進、切磋琢磨、瓶頸……。

2 堅持不懈預防危機：

　(1) 領導團隊是關鍵：如臨深淵、如履薄冰；君子「九思」、視聽內、外，甄別優劣，時時、事事預防危機風險……

　(2) 誠心依靠員工預防危機：堅持仁德管理，遵循孔子先哲之教誨，用仁德管理企業。堅持以人為本，尊重員工的人格與權利，「讓員工有大聲說話的權利……。」（韋爾奇語）「為政以德，譬如北辰居其所而眾星拱之。」「君對臣以敬，臣對君以忠」，「君之視臣如草芥，臣之視君如寇讎」，……和諧溝通，切勿侮辱員工人格，有意

無意製造危機……。——「恭而無禮則勞，慎而無禮則蔥，勇而無禮則亂，直而無禮則絞。」互相尊重，及時、主動、和諧溝通。——務必請領導者們切記矣！

(3) 建立和諧企業文化：領導者們要樹立正確的權力觀，「權為民所繫，利為民所謀」。「權」字古為秤砣之意，起平衡作用，……。所謂「越權」是悖論，與民主和諧相悖逆，易堵塞言路，阻礙創新、進步；權力若高度集中，勢必導致獨斷專行、剛愎自用，目無民眾、引起民怨。水可載舟，亦可覆舟，……。積極宣導言論自由，無論是公是私，想說就說，想對誰說就對誰說。在本公司內，不存在所謂「越權」，集思廣益，引發頭腦風暴，積極創新，使公司生意興隆，使每一位員工家庭逐步富裕，「老者安之，少者懷之，朋友信之。」……。

(4) 堅持用「禮」預防危機：「齊之以禮，有恥且格」。全員遵循「禮」——憲法、法律、法令；企業管理規章、制度、程序檔，……。越「禮」者必自斃也！

3 當前預防危機建議抓好一下幾件事：

(1) 各部門遵照總經理的要求，修訂完善預防危機的措施。部門長一把手預防危機責任制，季度考評，年終獎勵與處罰，……

(2) 董事會、總經理團隊各司其職，各負其責，坦誠共事，和諧溝通，共謀企業發展。公司財務管理有常務副董事長倪海燕主管，總經理負責中層管理者及以下人員工資、獎

金、加班補助、銷售業務員結算，市場部業務經費支付計劃及票據審批；常務副董事長負責股東、高管人員（副總經理及助理、支部書記、管理者代表、監事會主席）工資、獎金、福利、車旅費用、專家津貼、材料採購、固定資產購置計劃及票據審批。（財務部每月須審定資金計劃表。）

(3) 精細研究新專案：

高噴車專案，公司已先後投入近 1000 多萬元，（含樣機）應從速做好投產前的各項準備工作。力爭 7 月下旬通過國家法定部門驗收合格後，即試產。在未取得許可證之前，切勿銷售。否則就是給企業製造危機。「放於利而行多怨矣。」貪小利則大事不成矣。……（項目組——張工、段助理等）

防暴車系列穩步研製新品，積極開拓市場。

原幾個老專案——雙發渦噴車進度、30 萬立、15 萬立排煙車、18 噸工業消防車、三項射流消防車等，已時隔 3 年有餘，公司也已投入近千萬元，至今未有收益，實有些令人堪憂也！——對策？

其它新項目研發須充分調研、論證後，積極、穩步實施，避免盲目性。尤其是進口底盤能否持慎重態度？（化學洗消車市場需求應答。）

(4) 生產基礎管理：認真抓好生產車間管理：「主任三員制」——技術工藝員、品質檢驗員、統計員配備必需盡快

落實，規範車間管理。抓品質的基礎在車間，規避品質風險的關鍵在各車間班組地製造過程⋯⋯。

(5) 分析銷售形勢：高管經營團隊要認真分析國內銷售形勢，確保今年 2.6 億元任務目標完成；創新管理方略，加強財務監控，規避經營風險⋯⋯。潛心研究「己」與「彼」戰略：知己不知彼、知彼不知己、不知己亦不知己、知己也知彼。

產品定價由公司財務部成本科具體精確統計、核算直接成本，報總經理團隊集體審定，避免各行其是；同時規避風險，妥善協調企業共同體各方利益之關係。

車輛出廠前的檢驗須依據銷售合同逐項確認，合格後方可簽發合格證；市場部銷售公司領導和售後服務科長組織送車前再認真核定合同細目，⋯⋯誰的工作由於瀆職而出現失誤由此造成的經濟損失加倍處罰；嚴重失職者待崗，停發工資，⋯⋯。「舉直錯諸枉，能使枉者直。」

(6) 積極開拓國際市場：努力實現出口 15 輛消防車的任務；快速走出去⋯⋯。

(7) 企業增資擴股及上市，由公司規劃發展部門牽頭具體操作，⋯⋯。

(8) 擴建工程方案及投資預算：由股東會、董事會共同討論，⋯⋯。——多用途隧道實驗室？

（六）企業危機管理問卷調查

1 企業危機管理重要性：

不重要 22□　重要 25□　非常重要 43□　一般重要 0□

2 企業危機常常表現：

天災 18□　人禍 22□　產品品質 66□　人員跳槽 24□

銷售不給力 22□　顧客常挑剔 8□　技術設計 25□

生產工藝 21□　高層管理不到位 42□　材料品質 22□

員工責任心 33□　違規經營 21□

3 產品品質危機往往是由於：

技術設計不夠精確 38□　工藝檔不夠完備 25□

生產設備不夠先進 11□　品質管制不嚴格 51□

生產一線工人責任心不強 36□　領導重視不夠 33□

銷售合同不精準 14□

4 影響員工積極性主要原因：

分配不公平 47□　領導們關心差 21□　領導者缺乏民主 23□

對員工不夠尊重 37□　人心不夠順暢 30□

5 企業領導者管理主要靠：

權力 15□　仁德 30□　溝通 58□　獎勵 16□　處罰 7□

廣開言路 25□

6 企業員工話語權可以：

越權 10□　不可以越權 10□　只能聽頂頭上司 11□

善意向上級反映 51□　想說就說 4□　願對誰說就對誰說 3□

7 企業預防危機主要靠

投資者 4□　總經理團隊 18□　中層幹部 10□

全體員工 53□

8 當前本公司危機主要表現：

產品品質缺陷頻頻發生 57□　市場銷售管理不力 22□

成本無人控制 24□　產品銷售價格失控 12□

產品研發滯後 35　各部門協調不主動 35□　銷售風險 9□

高層管理者工作方法、作風 36□

（七）成敗分析及對策

關於調整消防車價格的思考意見

1 由於消防車市場競爭日趨激烈，迫使企業降低價格力爭取勝。鑒於此，必須盡快調整本公司產品價格。

2 調價原則：大眾化產品認真分析降價細節。可從 8t 車系列為切入點，HOWO、STER、陝汽德龍、長春解放、歐曼等急需從底盤選擇、設計和製造工藝材料方案、材料採購、生產使用過程等環節精細分析，制定降價細則，力爭把單車價格降低到適度檔？（工人工資不能減少標準。）

3 新解放底盤必須精準測算直接成本後，公司領導認真制定問路價格。並請市場部廣泛徵求消費者意見，瞭解市場需求前景，有無競爭力？在進行廣泛市場調查後，再確定投入力度。

4 A 類泡沫車價格可適當降價銷售。

5 高端產品因先期研發投入很大，可維繫原定價。如五十鈴機器人價格不能低於 120 萬元；五十鈴三項射流車價格不能低於 140 萬元。

6 制定價格應把研發、檢測、認證費用統計進去；還要把售後服務費用測算進去。直接成本＋邊際貢獻＝銷售價格

7 此項工作需請總經理或財務主管率技術工藝、採購、生產、財務成本、市場等部門協同工作，制定今年下半年試行價格方案，由市場部執行。

「如切如磋，如琢如磨。」[27]

以上幾點意見望高管團隊則其善者而從之，其不善者宜棄之也。

（八）論企業危機管理（之一）

2011 年上半年市場銷售統計──嚴重滑坡？

年度經營計劃目標：2.6 億元 實現 8800 萬元 ──33%

應收貨款 7600 萬元！（其中過期、到期 4000 多萬元）！

────危機也！危及企業生存、發展焉！

原因何在？！！！（SOWT 分析──6 月 6 日問卷調查。）

──高層思路？中層套路？基層員工上路？

戰略分析——戰術分析——變革創新——思路？套路？上路？

太極圖——陽與陰博弈規律。企業領導者要學會運用陰陽互變理論，抑陰助陽，揚長避短。

對策——

1 重新整合資源，優化各片區行銷力量。——35 名，占全廠員工總數 10%。——
2 捆綁式：領導、銷售（包括代理商）、服務維修技工、技術工藝（間或參加）等人員組成片區行銷團隊，發揮集體之智慧，改變單兵分散模式。——
3 獎勵制度明細、兌現！
4 總經理是銷售總指揮；副總積極協助、配合；
5 公司市場行銷業務均由各片區經理向總經理及時回報、溝通；
6 銷售貨款結算須由各片區經理審核簽字後，報總經理批准，財務辦理支付手續。

紅海中發現藍海；藍海中注意紅海。力促紅海轉變為藍海。這其實是銷售市場的一個比喻而已。

貫徹總經理關於試行銷售大片區模式的意見
  (1)北方大區：河北省、北京市、天津市、內蒙區、遼寧省、吉林省、黑龍江省、山西省（2市6省區）。
經理團隊負責人：
  (2)西北大區：陝西省、甘肅省、青海省、新疆區、寧夏區、

西藏區（3 省 3 區）。

經理團隊負責人：

(3) 西南大區：四川省、貴州省、雲南省、廣西區、重慶市、湖北省、（4 省 1 市）。

經理團隊負責人：

(4) 華南大區：海南省、廣東省、廣西區、湖南省（3 省 1 區）。

經理團隊：可由西南片區兼顧。

(5) 華東大區：上海市、浙江省、山東省、江蘇省、安徽省、江西省、福建省、河南省（7 省 1 市）。

經理團隊負責人：

(6) 國際貿易部：負責人：

(7) 辦公室須重新按大區集中辦公，便於及時溝通信息；市場部接待辦公室可由總經辦兼顧。

(8) 售後服務科維修人員可歸併到各片區、由片區負責人統一調度，有技術的銷售經理可兼顧售後維修、有能力的售後服務師傅可兼顧（參與）銷售工作，酬金另行結算。

(9) 公司市場部由總經理主管。

大片區經理人選及責、權、利由總經理組織制定後，討論決定。（公司高層副職可分別兼大片區經理。）

以上幾點意見望總經理團隊研究，擇其善者而從之，其不宜者可棄之。

關於消防車定價、投標報價、貨款結算的

思考意見

1 本公司各型消防車價格計算，由公司股東代表、副董事長倪海燕負責組織財務、採購、成本統計、市場等相關部門共同精細編制，總經理會議集體審定試行。

2 投標報價：100 萬元以內（含 100 萬元）投標報價由片區經理和業務員商定；100 萬元以上由總經理與片區經理及財務部成本科共同商定；

3 片區經理須參加 100 萬元以上招投標會議，及時瞭解市場競爭博弈情況；並隨時與總經理彙報、溝通；

4 中標車輛貨款回收均由相關業務員為主負責催辦；售後服務師傅可積極配合；

5 銷售貨款結算：貨款須回公司財務帳戶，相關費用由業務員如實填寫明細清單，片區經理審核確認，總經理批准後由公司財務部門辦理支付手續。

（九）論企業危機管理（之二）

企業戰略、系統、過程、細節與成敗？

（企業成敗篇）（7月3日）

1 企業戰略不清晰、混亂，必將導致失敗；

2 企業戰略正確，系統、過程混亂，亦將導致失敗；

3 企業系統、過程清晰，基層執行過程中細節偏離，也會導致局

部失敗。

4 何謂企業戰略？

(1) 戰略是企業發展目標；

(2) 戰略是實現目標的路徑；

(3) 戰略是企業的願景；

(4) 戰略是企業做什麼，不做什麼？（專案、產品，獲得效益？）

(5) 戰略是緊緊圍繞公司的產品和服務而確定的奮鬥目標；

(6) 戰略是企業博弈的規範、原則。

(7) 企業高層團隊出思路（君子九思）、定戰略、指方向，佈局謀篇，頂層設計；思路領先，步步領先；思路錯，指揮必錯，必將導致步步錯；傳播企業願景，讓追隨者有目標、有信心！

思路決定出路，心態決定狀態！沒有思路的苦幹等於盲幹、蠻幹。

中層既要出思路，更要出套路。思考如何抓系統、抓環節、控環節──魔鬼往往在細節之中。很大程度上講，中層執行好壞，決定工作成敗。宣導啟智、積極思維，主動創新、紮實、苦幹；直接帶領基層員工做好每一件事情。

基層員工幹實事，就會上路。

高層領導是前提；中層骨幹是重點；基層員工是基礎！高層重點在考慮企業發展思路，不要去做中層管理者的事情。事不必躬親，放

手讓中層去執行，把事情做好。但須隨時注意糾偏。

高、中層一旦發現方向偏差，應立即停止，以免造成更大的損失。決定不做什麼，比決定做什麼更重要！判斷力比想像力更重要！

（十）論企業危管理（之三）

提升競爭制勝系統思考（系統博弈篇）

SWOT 分析——

優勢（Strengthens），劣勢（Weakness）。

機會（Opportunity），威脅（Threatens）。

上述分析，其中優勢與劣勢分析，是指分析企業內部環境；機會與威脅分析，是指企業外部環境分析。後面將作些簡要論述。

企業領導者要找出本公司與其它企業或競爭對手的差異化、反大眾化；機會稍縱即逝；

分析劣勢，研究失敗比研究成功更重要！——博弈為何失敗？每次博弈都要及時分析、總結，找出失敗之原因，修正戰術，為今後博弈做好充分的準備。——研究阻止他人進入——智豬博弈案例

戰術、技巧、心智——博弈取勝！

精細研究多個參與者非常重要——1 個買方多個賣方。

「工欲善其事，必先利其器」《論語》

「如切如磋，如琢如磨」《論語·學而》

四種博弈者：	排序	最佳
知己不知彼	D	
知彼不知己	D	
既不知己也不知彼	D	
既知己也知彼	D	

雙面膠效應——忠誠、「丁」字精神！

雙面膠的啟示：——增強黏性，首先忠誠於顧客，黏住顧客，再讓顧客忠誠於自己的公司，採購商品就會想到○○○（自己）的公司！

「晏平仲善與人交，久而敬之。」[28]——楷模！

（十一）論企業發展戰略危機管理（之四）

新專案開發控制程序篇

戰略決定成敗？——系統決定成敗？——控制決定成敗？！

——研究失敗就是研究成功！（7月6日）

——新專案實現過程如何控制？

案例 1

2010 年 5 月 27 日、28 日，公司技術部門負責人與陝西重型汽車有限公司簽訂了 2 份技術協議書，決定選用陝汽兩款底盤改裝消防車；同年 11 月 8 日、11 日，公司採購部門與陝汽簽訂了 2 份工業品買賣合同。——技術協議與合同均存在不少瑕疵：

1 乘員室改制技術資料？
2 設計改裝載滅火劑噸位？
3 市場競爭力預測、評估？與濟南重汽同類車性價比分析？
4 合同簽訂地點：西安市？
5 糾紛處理地點：西安市？
6 付款：車發 6 個月內支付全款？——此款底盤車當時未有國家公告？

案例 2

2011 年 3 月 25 日，公司技術部張樹勇、傅然二同志分別在 2 份技術協議上簽名；技術協議供方為長春一汽客車有限公司；3 月 26 日公司與上海贏安實業有限公司簽訂了 1 份購銷合同。上述兩個文稿瑕疵更為嚴重：

1 所謂技術協議我公司是否經過嚴格評審？無人授權，兩名設計人員簽字是否草率？
2 供方與合同供貨單位不符？且無人簽字、更沒有蓋單位公章、無有時間、地點？
3 選用此三款底盤是否經過認真地技術經濟性價比分析？
4 是否經過論證？三款底盤車價格分別是：630000、660000、

600000（元）。

5 選用上述底盤改裝何種車？載液噸位？定價？假設改裝為 7t 左右滅火車，國產泵配置價位估計在 90 至 100 萬元左右。市場在哪些地區？與 HOWO8t 同種車比，差異化在哪裏？有無競爭力？若與五十鈴同底盤車比較，誰有博弈優勢？

6 今年 3 月 19 日，由技術部傅然、張樹勇編制、總工審核簽字、總經理批准的兩份技術通知單下發生產、檢驗、供應三部門。這 2 份檔均未明確改裝具體技術要求，如何讓相關部門執行？——原因？——忙？重視？系統程序及控制？——亂作為？

7 購銷合同雙方均無經辦人簽字？無簽訂地點、仲裁地點？

8 合同付款條件：合同簽訂後預付 30%預付款，發貨前付清餘款，合同生效？

上述案例：

(1)本公司決策層、中層管理者要吸取哪些經驗教訓？戰略決策是否走偏？執行是否到位？——

(2)是否遵循公司體系檔有效控制系統、過程？高、中層領導思路、套路清晰否？——

(3)與時消息？與時諧進？——冷靜分析預測否？切勿跟風。

9 糾偏措施？——牢記孔子「君子九思」之教誨，——

(1)戰略決策評估機制，避免個人決策失誤，

(2)中層管理者執行程序、程序控制避免偏移；

(3)公司董事會（或監事會）可成立法務辦公室，法人代表授

權專人簽訂內外採購、銷售、勞務、工程等合同，使之規範，規避危機和風險。……

建議公司技術部對目前正在設計或列入研發計劃的新項目，盡快召開由技術專家、管理專家、財務人員、市場顧客代表參加的論證會議，經大家充分討論，形成共識後，再批准開發計劃。該放棄的放棄，決不能全面開花，好大喜功！

（十二）論企業發展戰略危機管理（之五）

關於公司當前新專案研發思路的意見（專案博弈篇）

1 高新專案產品之意見：何謂高新項目？——高端、高新、高使用價值、高附加值的產品，「反大眾化」之產品，可稱之為高新項目。

一般新產品；老產品改進新工藝。……精鍊、甄別確認。切勿眉毛鬍子一把抓，思路不清晰，必將導致資源浪費，效率低下。

當前，本公司高端項目——只有三項射流高噴車，目前國內尚無此產品。所以務須要做到：

(1) 集中資源優勢，協同攻關，抓好高噴車新專案、新產品國家驗收前的各項準備工作。遵照總經理的部署和嚴格要求，盡快做好生產線設備安裝、調試、操作人員培訓；25m 樣機技術檔編制、審定、試驗大綱、及自檢。

是否可以在 8 月 18 日試產剪綵？！——8.18！

(2) 三項射流項目前後已歷經 4 年，盡快完善技術工藝檔、圖紙編制，擇機審定；對一些關鍵件，技術設計工程師們要切磋琢磨，精益求精。善其事，利其器。，抓緊實驗滅火系統功能，提高滅火效率。

(3) 高噴車可否增加高空救援裝備、機場除冰設備？這應是技術設計戰略差異化之傑作。

　　以上 3 個專案應是當前本公司技術開發工作之重點。建議由公司總經理掛帥，技術總工積極支持配合，項目組努力拼搏，三季度攻下三項射流、高噴車新項目，選擇國慶日前後適時召開演示會，宣傳造勢。

2 完善排煙車系列產品技術、工藝檔、標準審定之意見：

(1) 渦噴單、雙發排煙車已取得一定效果，給公司創造了較好的效益。但是，需明白該產品使用有相當大的局限性。高能耗、高排放、高污染。故而可否充分利用底盤發動機之強大功率，增加車載消防泵、炮滅火系統？實現既能強風細水霧排煙，又能大功率、大流量、遠射程滅火救援。

(2) 抓緊完善 6 萬立、20 萬立、30 萬立正、負壓排煙車技術設計檔，標準審定；積極做好開發 40 萬立大功率排煙車（含泵、炮裝置）新專案前期調研論證，為明年參展做好準備。（15 萬立排煙車積極出售。）

(3) 機器人技術應用之意見：

各型機器人排煙、滅火、防暴車系列產品，做好技術設

計、生產製造各環節的持續改進。（遙控技術可應用各種滅火、防暴車上。）

(4) 老產品持續改進之意見：

公司已通過檢測認證的輕型、中型、重型水罐、泡沫、救援、乾粉、排煙（含渦噴）等車型，技術設計、生產工藝需持續改進，提高品質、降低成本，增強市場競爭力。這是企業 300 多位員工吃飯的基本保障，萬萬不可掉以輕心！

(5) 解放等底盤開發之意見：

解放底盤、陝汽底盤、進口歐曼底盤等需先積極做好市場調研、專家論證後，再實施，避免分散公司資源力量。

陝汽底盤已改裝成一輛內藏車，而且配置的是進口水泵，你們在決策之前是否論證過？價格定位否？市場在何處？誰人拍的腦袋？要承擔經濟責任否？

(6) 當前集中公司資源辦大事之意見：

當前需集中公司資源力量（技術、工藝、生產、財力等）保三項射流、高噴車項目盡快投入試生產。——召開慶功大會！

(7) 高管成員尤其是董事長、總經理、技術總工三位決策者思路要清晰，目標要明確，做事遵循程序——「禮制」。思路錯，必將步步錯。決策者思路決定公司戰略目標。公司新專案（產品）重大決策失誤，幾乎都是由於董事長或總經理、總工等人的思路錯誤及粗放型管理作風所致。

附1：解放消防車市場訪問調查問卷

(1) 底盤主要技術參數：總品質發動機功率最高車速

(2) 上裝主要技術參數：載滅火劑：7t　乘員　8　人　水泵（國產）水炮射程

(3) 直接成本：底盤 600000 元、630000 元、660000 元；水泵、水罐、水炮、電器、內飾、塗裝等多種材料預計：元；工人工資、製造費用預計　元；

(4) 預測費用（研發、管理、銷售、財務、稅金、利潤等）元；

(5) 暫訂價格：（如選用進口泵，價格另計）；

(6) 市場需求量預測：　大　一般　小

訪問單位：明光浩淼消防科技公司

受訪人單位：　省總隊　支隊　大隊

受訪人簽名　2011 年　月　日

附2：關於車間「三員」培訓的意見

(1) 車間配置技術工藝員、品質檢驗員、成本統計員（簡稱三員），是公司總經理團隊管理工作的一項重大創新，必將使產品品質進一步提高、製造成本大幅降低，有利於市場銷售競爭制勝。

(2) 「三員」上崗之前，須組織培訓，提高認識，明確工作職責，創新工作思路、方法。

(3) 公司人力科制定「三員」考覈細則，報總經理批准實施。

(4) 「三員」培訓工作由人力科組織，技術、品質、生產、財

務諸部門長應積極支持和配合。

天行，健。君子以自強不息。

地勢，坤。君子以厚德載物。

企業發展戰略兼危機管理論壇提綱——

主辦單位：公司戰略發展部

支持單位：公司黨支部、監事會、工會、技術部、生產部、品質部、財務部、市場部、總經辦。

論壇參考提綱：

   (1)企業發展與戰略思路；

   (2)企業發展與新項目選擇——高端、高質、高新產品

   (3)企業發展與產品品質；

   (4)企業發展與市場分析；

   (5)企業發展與產品價格；

   (6)企業發展與以人為本；

   (7)企業發展與政府支持；

   (8)企業發展與企業文化。

論壇開幕式——

關於擬召開企業預防危機——SWOT 分析論壇的意見。

為了提高本企業高層管理人員的管理理論水準，避免或減少決策失誤，博弈制勝。我建議在 8 月上旬召開一次 SWOT 分析論壇，既

研究成功，也研究失敗，適時修訂公司發展戰略目標，既要言「道」，也要言「法」和「術」。」——思路、戰略、系統、過程、細節與成敗。

(1) 優勢（Strengthens）：
(2) 劣勢（Weakness）：
(3) 機會（Opportunity）：
(4) 威脅（Threatens）：

　　請公司董事會、總經理團隊、專家組諸君圍繞上述四個要點，結合本公司經營案例，每人寫一篇不少於 3000 字的分析文章。可選擇某一方面題材進行論述。完成時間 8 月上旬。論文可作為專家會議發言材料。

　　關於整頓市場一部及籌建市場二部的意見

　　市場行銷策略，關乎企業經營博弈之成敗。如何實施正確的博弈策略，我提出大片區捆綁式行銷策略，實行團隊行銷。

　　首先，整合銷售人員隊伍，優勝劣汰。凡責任心不強，業績不佳的銷售業務人員，下崗或待崗，按照業務人員選聘程序，招聘一批精明的業務人員。

　　市場目標分析假定：對目前公司市場認真進行分析，重新市場定位。

　　對新進銷售團隊的業務人員，要制定培訓計劃和激勵考覈，不能

放任自流。

對新的業務人員要關心，安排好辦公，使他們在公司有家的感覺，人與人之間和諧相處。

要幫助新業務員進行市場可行性分析，不打無把握之仗。

2012 年元旦前後公司經營工作要點

(1) 精細抓好年內生產計劃實施，做好技術支持、材料保障及設備、工具、水電氣安全正常運轉，保證已簽訂銷售合同車輛如期出廠。

(2) 實施大走訪大服務戰略，這是公司發展史上的重大突破。請各位管理者認真領會公司檔，分區實施走訪服務計劃，這是對管理團隊的一次核對總和考量。明年元月中旬總結。

公司領導大走訪可結合慮明年春節拜年事宜。

(3) 公司財務部催促公司銷售部門抓緊外欠款收回工作。此事我曾以個人名義發出信息，望公司高層管理者們引起高度重視並給予大力支持。

(4) 為了持續改進公司管理，須結合年終考評，整合、精鍊公司組織架構、崗位設置及人員編制方案，成立公司董事會專家顧問組、法務部，嚴格以法經營，遵循程序管理，實現高效辦事，和諧共事，集智謀發展。

元旦前須完成此項工作。

(5) 新專案研發工作：

高噴車項目生產條件驗收、三項射流高噴車項目（含大慶
履帶高噴車）、三江雙發渦 pen 車專案、湛江港高噴車專
案、遠端供水專案、防暴車專案……

(6) 年終資金計劃預算：

(7) 其它工作……

強化憂患意識 狠抓產品品質

——再談企業危機！！

「初六 履霜堅冰至.」[29]

最近，公司財務管理顧問張正友先生對公司 1 月——10 月 31 日
出廠車輛品質缺陷和售後維修情況作了有益的調查，並寫了「產品品
質 急待提高」的材料。此文稿已轉發給公司相關部門長，務必請品
質部、生產部領導引起高度重視，這關乎本企業生死存亡，威脅到公
司每一位員工的切身利益。建議由品質部組織研討，認真分析原因，
並依據公司品質管制獎罰制度，對相關責任者進行制度處罰。

有子曰：「禮之用，和為貴，，先王之道斯為美，小大由之。有
所不行，知和而和，不以禮節之，亦不可行也。」[30]

品質出精品，服務創品牌。

「如切如磋，如琢如磨。」

---

29 〔伏羲〕周文王：《周易·坤卦》（萬春出版社），頁 8。
30 程昌明譯著：《論語·學而》，頁 7。

「工欲善其事，必先利其器。」

公司監事會主席 nishihelaoshi

2011-11-14 晚 21 時 37 分於明光寓所

發：董事長 副董 副總 總工 品質 生產 財務 市場部門長

給公司高管們的信

董事會成員 經理團隊成員：

2011 年即將過去，公司高層管理者們辛苦一年，忙碌一年，有為和無為、成功和失敗同行。

我感覺你們的管理缺乏計劃性，即使有計劃也是執行力不到位。像一群無頭鳥，似《周易》裏的剝卦，外陽內陰。如不嚴肅對待，認真改進，時間不長，就會垮塌的。

上個月我對元旦前後的公司工作提出要求，可是不見你們去落實，等於一紙空文。

公司生產部門尤其是鈑焊車間浪費驚人，我早就提出要加強車間技術工藝、成本控制、品質監督等基礎管理工作，你們無一人去實踐，怕麻煩。足以說明你們中有些人的工作作風漂浮，抓個人學習是必要的，但不能置本職工作於不顧。

我宣導積極開展一次大走訪、大服務活動，你們中有人積極回應與認真執行嗎？今年市場抱怨多多，品質缺陷不斷，這就是危機呀！

而你們有些人卻置若罔聞，聽喜不聽憂。

公司年終考評，進展如何？不到位的！缺乏造勢，只憑那個表打分，有些形式主義，或者悖論。須考覈思考力、創新力、尤其是溝通力和執行力。

市場博弈非常激烈。日前湖北省招標，本公司無有一輛車型中標。你們組織分析了嗎？失敗是成功之子，子敗了何故？難道不應引起重視嗎？

我不是否定你們幾位的成績，只講你們成績不批評你們的不足，是無法進步的。

公司監事會主席

讀報隨記——人民日報

2011.11.30.

知足 知不足 不知足——徐文秀

一位老同志說：幹部要把責任舉過頭，把名利 cai 腳下，把本色進行到底，把百姓裝在心中，記住做官知足，做人知不足，做事不知足。……

——12 月 10 日：中央經濟工作會議

胡錦濤強調：面對嚴峻複雜的形勢，我們要堅持以科學發展為主題，以加快轉變經濟發展方式為主線……穩增長，調結構，保民生，

促穩定，抓住機遇，珍惜機遇，用好機遇，……

中央經濟工作會議指出：要增強憂患意識和風險意識，做好應對各種困難和挑戰的思想準備

連續性、穩定性、針對性、靈活性、前瞻性，……著力加強自主創新和節能減排。 實行積極地財政政策和穩健的貨幣政策，……

Nishihelaoshi

剝卦 二十三　品質工作會議

《易經》剝卦——卦義：割掉、剝落、剝離、剝奪等——不利於發展前進。——上為山——艮，下為地——坤，——山不斷遭到侵蝕，就會有傾覆之危險。《黃帝內經》言：「高而倚者崩。」剝蝕從基礎始。初六：「剝床以足以滅下也。」——床腳毀壞，有垮塌之危險。

六二——六五——皆陰爻。初九——陽爻，基礎不牢固，危機將至。顧客抱怨……企業信譽下降……市場競爭……遭受淘汰…..

如之何？措施——認真抓基礎管理，全員抓品質，嚴格程序控制，嚴格執行獎罰制度……

抓品質——產品實現控制程序——從技術設計、工藝保證——材

料採購——供方評審——首檢合格——製造過程品質控制——關鍵環節、重點環節——班組自檢是最重要的關鍵環節——各車間檢驗員複檢法規項是重點環節——完工總檢——銷售服務科出廠前終檢合格——品質部長簽發合格證批准出廠。銷售服務科——代表顧客執行驗收任務。

天行，健。君子以自強不息。
地勢，坤。君子以厚德載物。

從即日起，可試行銷售總檢控制程序。

監事會主席 總經理代理

《周易》與企業危機管理

——陰陽互變之道

《周易》：乾卦　　　　坤卦

乾卦為陽——天　坤卦為陰——地

1 周：周朝 易：簡易——周朝簡易的算卦書。
2 周：普遍。易：變化。《周易》是講普遍變化的書。
3 易：日月為易。易為上日下月之變形。

《周易》主要是講天地宇宙之間，自然界及人生與社會各種關係變易的法則。

　　太極圖——陰陽魚，即兩儀。太極——空間的最高極限。太一出兩儀，兩儀出陰陽。陰陽變化，一上一下，……極——邊也，太極——天地萬物最原始的起點，天地未分之前的原始混沌狀況。——道家講無極生太極……研究天……人……地。天在上人在中間地在下——最難的是人。做人難……。

　　人與天？——天——宇宙——天命不可違。
　　天行，健。君子以自強不息。
　　地勢，坤。君子以厚德載物。

　　人與地——自然界——順應自然規律——人與自然和諧——違背規律下地獄。人與人——非常複雜——窮人與富人……。——富與貴，人之所欲——貧與賤，人之所惡……。窮則變——變則通——通則久。——富為陽，貧為陰。變：陰陽交替謂之變。陰變陽，窮變富——通：陰陽往來謂之通；久：變化永恆、無窮謂之久。

　　易——變——宇宙不停地變——社會不停地變——市場不停地變——改變貧窮落後——堅持「變！」——須積極研究變的方略……。孔子教誨：子絕四……就是要強調人類要創新——改變貧窮——求財求富，人之所欲。研究企業戰略發展——既是研究變，研究博弈制勝之道……。

　　天行，健。君子以自強不息。

地勢，坤。君子以厚德載物。

顧客為陽──企業為陰──陰變陽──贏！

贏的關鍵是什麼？──產品和服務──永恆的主題！品質出精品──服務創品牌！只要公司員工自強不息，積極求變、求新，企業就會生生不息。──持之以恆──窮──變──通──久！

名譽董事長

昌明文庫·悅讀國學　A0602004

《論語》智慧與博弈研究　　上冊

作　　　者	倪世和
責任編輯	蔡雅如
發 行 人	陳滿銘
總 經 理	梁錦興
總 編 輯	陳滿銘
副總編輯	張晏瑞
編 輯 所	萬卷樓圖書股份有限公司
排　　版	菩薩蠻數位文化有限公司
印　　刷	百通科技股份有限公司
封面設計	菩薩蠻數位文化有限公司

出　　版　昌明文化有限公司

桃園市龜山區中原街 32 號

電話 (02)23216565

發　　行　萬卷樓圖書股份有限公司

臺北市羅斯福路二段 41 號 6 樓之 3

電話 (02)23216565

傳真 (02)23218698

電郵 SERVICE@WANJUAN.COM.TW

大陸經銷

廈門外圖臺灣書店有限公司

　　電郵 JKB188@188.COM

ISBN 978-986-94919-7-6

2017 年 7 月初版

定價：新臺幣 260 元

如何購買本書：

1. 劃撥購書，請透過以下郵政劃撥帳號：
　　帳號：15624015
　　戶名：萬卷樓圖書股份有限公司
2. 轉帳購書，請透過以下帳戶
　　合作金庫銀行　古亭分行
　　戶名：萬卷樓圖書股份有限公司
　　帳號：0877717092596
3. 網路購書，請透過萬卷樓網站
　　網址 WWW.WANJUAN.COM.TW

大量購書，請直接聯繫我們，將有專人為您

服務。客服：(02)23216565 分機 10

如有缺頁、破損或裝訂錯誤，請寄回更換

國家圖書館出版品預行編目資料

《論語》智慧與博弈研究 / 倪世和著. -- 初版.
-- 桃園市 : 昌明文化出版 ; 臺北市 : 萬卷
樓發行, 2017.07　冊 ；　公分. -- (昌明文庫.
悅讀國學)

ISBN 978-986-94919-7-6(上冊 : 平裝). --

1.論語　2.博奕論　3.通俗作品

121.22　　　　　　　　　　　　　106011170